선한 영향력

선교적 삶과 비즈니스 선교

선한 영향력

김진수 지음

추천의 글

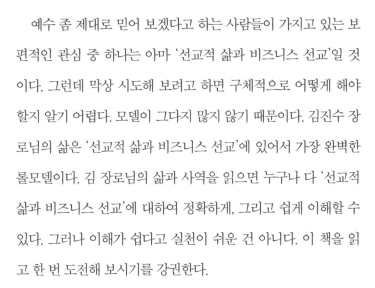

예수 좀 제대로 믿어 보겠다고 하는 사람들이 가지고 있는 보편적인 관심 중 하나는 아마 '선교적 삶과 비즈니스 선교'일 것이다. 그런데 막상 시도해 보려고 하면 구체적으로 어떻게 해야 할지 알기 어렵다. 모델이 그다지 많지 않기 때문이다. 김진수 장로님의 삶은 '선교적 삶과 비즈니스 선교'에 있어서 가장 완벽한 롤모델이다. 김 장로님의 삶과 사역을 읽으면 누구나 다 '선교적 삶과 비즈니스 선교'에 대하여 정확하게, 그리고 쉽게 이해할 수 있다. 그러나 이해가 쉽다고 실천이 쉬운 건 아니다. 이 책을 읽고 한 번 도전해 보시기를 강권한다.

김동호 목사(사단법인 피피엘, 전 높은뜻연합선교회 대표)

서사(narrative)의 힘은 참으로 크다. 자기도 모르게 형성되어 온 내 인생의 서사를 돌아볼 기회를 얻는 일, 그 서사가 지향하는 곳을 얼핏 알아차리는 일, 이 작은 서사가 하나님 나라의 큰 서사와 만나는 지점을 포착하는 일, 살면서 그보다 더 큰 복은 어디 있고 그보다 더 전율하는 순간은 또 언제이랴. 인디언들을 위한 비즈니스 선교, 김진수 장로님에게는 살아온 삶의 자연스런 귀결이고 하나님의 작품이다. 그것을 안 이상 그에게 그 일은 희생과 헌신이 아니라 가장 의미 있고 힘이 나는 일이요, 사역이 아니라 일상이 되었다. 나는 긱섬이 시작할 때부터 지금까지 장로님의 하루하루를 엿보는 특권을 누려왔다. 그래서 여기 있는 모든 글들이 얼마나 진실한지, 그 속에 어떤 눈물과 웃음과 자책과 감동이 스며 있는지를 안다. 이것이 얼마나 자신을 버리고 비우고 깨어지면서 얻은 지혜인지를 안다. 그래서 한 마디도 버릴 것 없다는 것도 안다. 나는 장로님을 비즈니스 선교의 모델로서가 아니라 선교사의 한 모델로서 추천한다. 그것이 무엇이든 하나님께, 이웃에게 자신을 내어놓는 과정이 선교임을 이보다 더 잘 보여줄 수는 없다. 기쁘고 벅차게 추천한다.

박대영 목사(묵상과 설교 편집장, 광주소명교회 책임목사)

이 책은 감동적인 신앙서면서 현장감 있는 비즈니스 선교서이다. 또한 탁월한 경영서이기도 하다. 이 책은 현대 경영학에서 중요한 가치의 문제를 심도 있게 다루고 있고, 경영 현장에서의 생생한 실천 경험을 보여주고 있다. 긱섬은 원주민 공동체의 회복과 사회적 가치를 추구하면서도 지속 가능성을 확보한 비즈니스이다. 이런 점에서 훌륭한 사회적 기업이자 선교기업이다. 비즈니스 선교는 삶으로 산 제사를 드려야 하는 어려운 일이다. 그 현장을 생동감 있게 전한 이 책을 비즈니스 선교를 꿈꾸는 사람들뿐만 아니라 이 땅의 모든 크리스천들에게 추천한다.

박 철 원장(기독경영연구원, 고려대학교 교수)

이 책은 한마디로 BAMer들의 교과서다. BAMer와 BAM 기업의 조건으로 말하는 지속 가능성, 선한 영향력, 선교적 의도성 3가지를 모두 이 책에서 배울 수 있다. 성공적인 창업자요 경영자였던 그가 BAM 비즈니스는 결코 쉽지 않다고 고백하며 현장 일기처럼 기록한 진솔한 경험들이 우리에게 많은 통찰과 빛을 가져다 줄 것이다. 김진수 대표는 BAMer들의 좋은 롤모델이다. 인생의 후반전을 누구보다 누리며 살 수 있었으나 다 내려놓고 라디컬한 삶을 선택했으니 하향적 삶의 전형이다. 지난 8년, 원주민들 속에서 살며, 일하며, 사랑하며, 성육신적 결속을 통해 드러난 선한 영향력은 함께하는 사람들과 지역 공동체의 변화로 열매 맺고 있다. 그가 늘 사람들 앞에 서서 고백하는 '나는 장사꾼, 일하는 게 가장 행복한 예수쟁이,' 그의 이야기가 세상에 빛을 보게 된 것을 누구보다 기뻐한다. 이제 그의 삶은 긱섬 공동체에서만 아니라 한 장 한 장 책장을 넘기게 될 독자들의 삶에도 진하게 묻어나게 될 것을 확신하며, 자신의 자리에서 예수쟁이의 삶을 꿈꾸는 모든 이들에게 강추한다.

송동호 목사 (IBA사무총장, 로잔 BAM Global Think Tank 한국대표)

저자는 비즈니스 선교의 이론을 넘어 실체로 보여준 주인공이다. 지난 8년간 캐나다 현지에서 원주민들과 함께 생활하며 비즈니스를 통해 지속 가능한 선교적 삶을 살 수 있을 것인가를 끊임없이 고뇌한 흔적들이 이 책에 집약되어 있다. 특별히 비즈니스와 선교의 관계, 그리고 그 경계선에서 하나님의 마음과 생각을 우선순위에 두고 선교적 삶을 실천하고자 노력해 온 실제 사례들을 이 책에 담아냈다. 실질적으로 창업 전후에 살펴야 할 세부적인 지침도 안내하고 있어 비즈니스 선교를 꿈꾸는 교회와 개인에게 꼭 필요한 교과서라고 해도 과언이 아니다. 캐나다 원주민 마을로 인도하시기까지 저자의 삶에 깊숙이 개입하셨던 하나님의 정확하고 완벽한 계획하심과 우리의 잘못을 잘못으로 끝맺지 않으시고 새로운 출발이 되게 하시는 하나님의 은혜를 찬양하는 저자의 신앙고백이 독자들에게도 선교적 삶에 대한 도전으로 다가올 수 있기를 기대한다.

임성빈 총장 (장로회신학대학교)

이 책은 내가 아는 한 'Business as Mission'의 총체적인 원리를 가장 알기 쉽고 풍성하게 제시하는 책이다. 또한 이 책은 평신도들의 선교 시대가 이미 시작되었음을 알리는 신호탄이기도 하다. 내게 가장 놀라운 것은 지난 20년 간 김진수 장로님을 빚어오신 하나님의 놀라운 손길이다. 바울은 에베소서 2장 10절에서 하나님이 우리를 태초부터 선택하셔서 선한 일을 위해서 준비하신다고 고백하고 있다. 모든 이들이 살아가는 동안 이 축복을 누리는 것은 아니다. 온유하고 정직하게 주님 앞에 서는 겸손한 자들만이 하나님이 주시는 유업을 누릴 수 있다. 이 놀라운 비밀, 이 책을 통해서 많은 이들에게 나눠지길 소망한다.

조 샘 선교사 (인터서브 코리아 대표, International BAM Alliance 공동대표)

우리 마을에 찾아온 '진수'를 만난 지 벌써 8년이 되어간다. 처음 그를 만났을 때 송이버섯 가격 폭락을 막아 달라고 요청했다. 어려운 요청이었고 쉽지 않을 것이라 생각했다. 하지만 그는 지난 8년간 우리와 더불어 이곳에서 살고 있다. 지난 시간 나를 비롯한 마을 사람들에게 진수는 큰 행운이었다. 우리는 가끔씩 농담처럼 그를 '목사님'이라고 부른다. 그가 얼마나 크리스천의 삶을 잘 살아가고 있는지 두 눈으로 확인하고 있기 때문이다. 그런 삶을 보며 나와 우리 마을 사람들도 제대로 된 크리스천의 삶을 살아가려고 노력한다. 하나님을 멀리했던 이들도 그를 보며 크리스천의 삶으로 돌아오는 일이 늘어나고 있다. 그가 우리와 함께 보낸 시간을 담은 책을 썼다고 들었다. 우리가 '진수'를 보며 선교적 삶을 배우듯 이 책을 읽으며 많은 독자들이 선교적 삶을 살아가게 될 것이라고 기대한다.

토니 몰간 (캐나다 원주민 마을 추장)

프롤로그

일을 하면서 틈이 날 때마다 글을 썼다. 글은 내게 많은 것을 생각나게 해 주었다. 특히 실수나 실패를 경험했을 때 그 상황과 감정을 잊지 않기 위해 글로 옮겼다. 글은 과거의 실수로 인한 아픔에서 나를 해방시켜 주었고, 현재에 더욱 집중할 수 있도록 만들어 주었다.

캐나다 원주민들을 위한 비즈니스 선교 기업인 긱섬(GITXM)을 시작한 지 7년째 접어들었다. 이 사업을 시작할 때에는 비즈니스 선교(BAM; Business As Mission)에 대해 지금처럼 깊은 생각을 갖고 있지 않았다. 그런데 캐나다 원주민들을 위한 비즈니스를 하면서 많은 시행착오를 경험했고, 또 많은 실패를 경험하면서 생각보다 쉽지 않다는 사실을 깨달았다. 하지만 실패를 겪으면서도 한 걸음씩 걸어온 과정을 통해 내가 경험한 비즈니스 선교에 대해 나누고 싶었다.

사업가로서 나는 두 번의 창업을 경험했다. 첫 번째는 나 자신을 위한 IT 기업인 이미지솔루션스를 창업해 18년간 운영했다. 두 번째는 캐나다 원주민을 위한 임산물 취급 회사인 긱섬이다. 그런데 전혀 다를 것만 같은 두 기업에서 많은 공통점을 발견할 수 있었다. 첫 번째 회사를 운영할 때는 별다른 생각 없이 그저 열심히 돈을 벌기 위해 일했던 반면, 두 번째 회사는 많은 생각을 하게 해 주었고, 선교 기업이 무엇인지에 대한 고민을 안고 운영해왔다.

선교 기업을 운영한다고 해서 갑자기 거룩해지는 것은 아니다. 선교 기업은 일반 기업의 연장선 상에서 바라보아야 한다. 이 말은 곧 선교적인 삶(missional life)을 경험하지 않은 사람은 비즈니스 선교를 할 수 없음을 의미한다. 그러므로 선교적인 삶은 비즈니스 선교의 전제 조건이다.

간절히 바라기는 나의 경험이 선교적인 삶을 지향하는 독자들에게 조금이나마 도움이 되기를 바란다. 특히 비즈니스 선교를 꿈꾸는 사람들이나 그 길을 걷고 있는 사람들에게 디딤돌이 되기를 기대한다. 나아가 나의 실패를 들어 쓰신 하나님의 역사하심을 독자들의 삶 가운데 동일하게 누리게 되기를 축복하며 소망한다.

2018년 6월 고사리를 수확하고

김진수

차례

1장

하나님의
초대

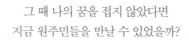

그 때 나의 꿈을 접지 않았다면
지금 원주민들을 만날 수 있었을까?

부르심

우리는 오래 전 이곳 미국에 와서 운 좋게 성공한 사람들 아닌가? 이 땅은 우리에게 성공의 기회를 제공했지. 그러니 이제 우리가 이 땅에 무언가를 되돌려 주어야 할 의무가 있다고 생각하지 않는가?

2008년 어느 날이었다. 신시내티의 대학에서 학생들을 가르치던 친구 안종혁 교수로부터 강력한 도전을 받았다. 친구는 내게 계속 도전했다.

미국인들은 할 수 없지만 우리가 할 수 있는 일이 있다네. 바로 북미 인디언 선교지! 백인들이 오래 전 인디언들에게 준 상처는 매우 깊고 오래 되어 그들에 의해 치료되기 어려운 게 사실이지. 우리가 그 치유 사역을 담당해야 한다고 생각하네.

캐나다 원주민들을 만나다

캐나다 원주민들을 위한 나의 사역은 이렇게 친구의 도전으로부터 시작되었다. 친구는 내게 캐나다의 원주민 선교단체인 '사랑의 군대(Love Corps)'를 소개시켜 주었다. 그로부터 얼마 후 나는 '미국 사랑의 군대(Love Corps USA)'의 후원이사가 되었고, 내가 섬기고 있던 세빛교회에서는 첫 번째 단기선교 지역을 캐나다 원주민 마을로 결정했다. 우리는 2010년 7월말 약 2주 동안 캐나다 원주민 단기선교를 떠나게 되었다. 단기선교팀은 중고등부 담당 전도사님을 단장으로 하여 대학생 3명과 고등학생 8명 등 총 13명으로 구성되었다.

캐나다 밴쿠버에 도착해 다른 교회의 단기선교팀들과 합류하여 3일간 단기선교 교육을 받은 후에 원주민 마을로 향했다. 4개 마을로 흩어지게 될 단기선교팀들은 함께 50인승 버스를 타고 꼬박 이틀을 걸려 선교지 기탄야우(Gitanyow)에 도착할 수 있었다. 원주민 마을에 도착하자마자 마을 앞에 세워진 장승들이 우리를 맞아 주었다. 이어서 원주민 아이들과 개들이 반겨 주었다. 단기선교팀은 곧장 작은 교회에 짐을 풀었다. 그 교회에는 의자와 탁자 서너 개, 세면대 하나, 변기 하나 달린 화장실, 그리고 교회 물품을 보관하는 작은 창고가 전부였다. 바로 옆에 큰 교회가 있었지만 비가 새는 천장을 오랫동안 수리하지 않고 방치해 둔 탓에 사용할 수 없었다.

우리는 교회의 한쪽 구석에서 잠을 자고, 식사도 준비하고, 심지어 여름성경학교까지 진행했다. 모든 선교 활동이 작은 교회의 좁은 공간에서 이루어졌다. 그럼에도 단기선교의 모든 일정은 예정대로 진행되었다. 감사하게도 첫날 교회를 찾아온 원주민 학생들은 20명 정도였지만, 마지막 날에는 40명으로 늘어나 있었다. 사랑에 굶주린 원주민 학생들은 우리 선교팀을 좋아해 주었다. 그다지 길지 않은 시간이었지만 우리는 정이 많이 들었고, 헤어지는 날에는 단교선교팀 모두가 울었고 원주민 학생들도 울었다.

돌아보면 이 모든 일이 그 마을을 섬기기 원하시는 하나님의 계획이었지만, 그때는 전혀 알지 못했다. 사랑의 군대의 단장인

홍성득 목사님은 내게 한 곳에 머물기보다 여러 원주민 마을을 함께 방문해 보자고 했다. 목사님의 제안에 동의하긴 했지만 우리 교회의 첫 단기선교 여행이기에 단기선교팀이 원주민 마을에 들어가 이틀 정도 잘 정착할 수 있도록 도움을 주는 것이 우선이라고 생각했다. 이후 목사님이 이끄는 문화사역팀이 도착하면 그때 남은 일정을 함께 보내겠다고 말씀드렸다.

그런데 원주민들과 함께 시간을 보내면서 마음이 바뀌고 말았다. 원주민 마을에 도착해 이틀 쯤 보냈을 때 문화사역팀이 도착했다. 계획대로라면 그들과 함께 다른 마을로 떠나야 했다. 그러나 나는 우리 팀이 머물고 있는 마을에 그대로 머물 수밖에 없었다. 갑자기 마음이 바뀐 이유는 모르겠지만 여러 동네를 방문해 여러 가지 상황을 정탐하는 것보다 한 마을에서 보다 많은 시간을 보내면서 현실을 깊이 있게 이해하는 게 더 중요하다는 판단이 앞섰던 것 같다. 토요일에는 여름성경학교를 시작했고, 일요일 저녁에는 문화선교팀이 도착하여 한국의 전통 춤과 문화를 소개했다. 홍 목사님을 비롯한 문화선교팀은 예정대로 월요일 아침에 다음 마을로 떠났다.

문화선교팀이 떠나던 월요일 아침, 나는 그 마을의 추장(chief

내가 섬기고 있던 세빛교회에서는
첫 번째 단기선교 지역을 캐나다 원주민 마을로 결정했다.

councilor)인 토니(Tony Morgan)와 인상 깊은 대화의 자리를 가졌다. 추장에게 내가 살아온 배경이 원주민들과 공통점이 많다는 이야기를 했고, 그런 내가 원주민들을 도울 만한 게 무엇인지 조심스레 물었다. 추장 토니는 그들이 겪는 가장 큰 어려움은 자연에서 채취하는 자연산 송이버섯을 팔아도 제값을 받지 못해 어렵다고 했다. 중간 도매상들이 원주민들의 미숙함을 이용해 송이버섯의 매입가격을 낮춰버려서 많은 원주민들이 마음에 상처를 입었다는 것이다. 토니의 이야기를 들으면서 사업가로서 내가 그들을 위해 무언가 해야겠다고 마음먹었다. 때마침 지금까지 키워온 IT 회사를 매각하고 새로운 일을 하기 위해 준비하던 차였다. 그래서 회사 매각이 완료되면 이곳 원주민 동네에 와서 이들과 함께 살면서 봉사하는 것도 보람 있지 않을까 하는 생각을 가져보았다. 그러나 결단하는 것은 결코 쉽지 않았다.

하나님의 초대

6일간 원주민 단기선교를 마치고 돌아오는 버스를 타자마자 고민이 시작되었다. 무엇보다 원주민 마을은 내가 살고 있는 곳에서 너무나 멀리 떨어져 있었다. 비행기로 약 14시간 거리였다.

내가 살고 있는 미국 뉴저지에서 북부로 가면 차로도 갈 수 있는 캐나다 원주민 마을이 있을 텐데 군이 이렇게 멀리 떨어진 마을이어야만 할까? 집으로 돌아오는 버스 안에서 복잡한 생각들이 오갔다. 그렇게 고민하던 중 옆자리에 캐나다 토론토에서 온 한인 2세 대학생이 앉게 되었고, 간단히 통성명을 나눴다. 돌아오는 길도 이틀이나 걸렸기 때문에 중간 지점인 프린스 조지(Prince George)에 위치한 한 교회에서 하룻밤을 보냈다. 다음 날 아침 버스에서 잠시 인사를 나눴던 그 학생이 내게 찾아왔다. 그리고 하나님이 자신을 통해 나에게 말씀을 해주셨다고 하면서 다음과 같이 전했다.

장로님은 지금 무언가를 결정하기 위해서 망설이고 계십니다. 저는 그것이 무엇인지 모릅니다. 그러나 하나님께서는 그 일을 시작하라고 하십니다.

정말로 황당한 일이었다. 내 평생에 그 어느 누구도 이런 방식으로 말한 사람은 없었다. 게다가 내 신앙의 여정을 돌아보아도 그러한 형태의 말은 나에게는 쉽게 받아들여지지 않았다. 그런데 이상했다. 나는 그 청년의 말을 흘려들을 수 없었다. 마음이 요동치기 시작했다. 내가 추장 토니와 이야기할 때 그들과 함께하기로 마음먹었다가 돌아오는 길에 고민하고 있는 내 모습을 하나님께 들킨 기분이라고나 할까? 그래서 하나님께 물었다.

하나님 제가 왜 이 마을로 들어가야 하나요? 저희 집에서 가까운 미국 동부에도 원주민들이 있고, 그들을 도와주면 되지 않나요? 이곳은 너무 멀리 떨어져 있습니다.

놀랍게도 하나님의 음성이 내 마음속에 들렸다.

그러면 이 동네 사람들은 누가 돌보니?

그리고 구약성경 에스더서의 한 말씀이 떠올랐다.

네가 왕후의 자리를 얻은 것이 이 때를 위함이 아닌지 누가 알겠느냐?

28

이 말씀은 곧 나에게 적용되어 다시 가슴속 깊이 들어왔다.

내가 너를 성공하게 한 것이 이 백성을 위함이니라.

짧지만 강력한 하나님의 도전이었다. 내가 과연 이 일에 적합한 사람인지 스스로에게 질문했다. 이 일을 하기 위해서는 무엇보다 원주민들을 진정으로 이해할 줄 아는 사람이어야 했다. 또한 원주민들과 비슷한 환경을 경험해 본 사람만이 그들을 진정으로 이해할 수 있을 것이다. 사실 나의 큰형은 알코올 중독자였는데, 그로 인해 일찍 세상을 떠났다. 둘째 형은 군대 복무 중 자살했고, 누나는 초등학교도 나오지 못했다. 그런데 알코올 중독, 높은 자살률, 저학력 이 세 가지는 원주민들이 실제 겪고 있는 가장 큰 문제들이었다. 나는 내가 만난 원주민들과 비슷한 환경에서 자랐고, 원주민들도 나를 자신들의 고통을 이해해 주는 사람으로 받아들였다.

다음 조건은 나의 비즈니스 경험이었다. 이곳은 큰 회사를 운영해 본 경험자가 필요한 곳이 아니라 혼자 또는 소수의 사람이 모여 사업을 성공적으로 키워낼 수 있는 창업정신을 가진 사람을 필요로 하는 곳이었다. 나 또한 혼자 회사를 시작해 성공적으로 키워낸 창업 경험자였다. 또 다른 조건이라면 경제적으로 충분한 여유가 있어서 이곳에 회사를 설립하더라도 설립자 개인 소유의 회사가 아니라 최종적으로 원주민 그들의 회사가 되도록 돌려줄 수 있을 만한 능력을 가진 사람이 필요했다. 내가 지금까지 키워온 회사를 매각하게 된다면 이 문제 또한 어렵지 않게 해결되는 상황이었다.

누가 이 일에 적합한 사람인지 나 자신에게 물었다. 그리고 응답했다.

하나님, 그 사람은 바로 '저'입니다. 지금까지 하나님께서 저를 은혜로 이곳까지 인도해 오셨습니다. 그 모든 은혜가 바로 이 일을 하기 위해 섭리하신 것입니다. 하나님, 저를 보내 주소서.

긱산족의 마을은 북미에서 자연산 송이버섯이 제일 많이 나고
품질도 그 어떤 자연산 송이버섯에 뒤지지 않는다.

돌 제거하는 자

원주민 마을에 들어가던 초창기에는 몇 차례 원주민들에게 복음 전하는 일을 시도해 보았다. 그런데 결과가 전혀 나타나지 않았다. 시간이 지나면서 깨달은 것은 내가 돌밭 위에 씨를 뿌리고 있었다는 것이다. 돌이 가득한 밭에서 돌을 제거하지 않고 씨만 뿌리고 있었다. 그리고는 싹이 나지 않는데도 계속 열매를 기다리고 있었다. 그 제야 돌을 제거하는 작업부터 해야 한다는 것을 깨달았다. 그리고 언젠가 누군가에 의해 옥토 위에 씨를 뿌릴 수 있도록 준비해 놓는 것이 나의 부르심임을 알게 되었다. 나의 부르심은 씨 뿌리는 자가 아니었다. 나의 부르심은 돌 제거하는 자였다.

만약 우리가 큰돈을 주고 밭을 산 후 그 밭에 뿌릴 씨앗을 샀다고 생각해 보자. 그런데 새로 산 밭에 가 보았더니 돌밭이었다. 이 돌밭 위에 먼저 씨앗을 뿌리기만 할 사람은 없을 것이다. 씨앗을 뿌리기 전에 먼저 돌을 제거하고 밭을 잘 간 다음 씨앗을 뿌릴 것이다. 그런데 만약 그 돌밭 위에 씨를 뿌리는 사람이 있다면 그는 아마도 누군가로부터 무료로 씨앗을 받은 사람일 것이다. 나는 누구나 알고 있는 일반적인 모습의 선교사가 아니다. 나의 부르심은 세례 요한의 역할이다. 말씀의 씨앗이 떨어졌을 때 잘 자랄 수 있도록 돌을 제거해서 돌밭을 옥토로 만드는 것이 나의 일이다. 그러면 열매를 거두는 선교는 누가 언제 하게 될까? 그 일은 주일이 되면 말씀을 전하고 싶어 가슴 뛰는 사람이 할 것이다. 나는 돌 제거하는 일이 재미있고, 그는 말씀 전하는 일이 재미있는 것이다. 하나님의 선교는 그렇게 당신의 계획표대로 진행된다.

인도하심

나는 강원도 삼척의 가난한 농부의 아들로 태어났다. 그때는 모두가 가난한 시절이었지만, 그 중에서도 우리 집은 유독 힘들었다. 알코올 중독자였던 큰형은 40대에 세상을 떠났고, 둘째 형은 군대에서 자살했고, 누나는 초등학교도 다니지 못했다. 내가 중학교를 졸업하자마자 아버지는 가정 형편상 대학에 진학할 수 없으니 삼척공업고등전문학교로 가라고 하셨다. 이 학교는 공업고등학교와 전문대학을 합친 5년제 전문 직업학교였다. 당연히 그래야 한다고 생각해서 아버지의 말씀대로 했다.

하나님의 개입

그렇게 입학한 전문학교 2학년 때 내 인생에 큰 변화가 찾아왔다. 복음을 듣게 되었고, 하나님을 아버지로 받아들이면서 그리스도인이 된 것이다. 어려운 가정 형편에 스스로 한계를 정하고 대학은 꿈조차 꾸지 못했다. 그러던 내가 하나님을 아버지라고 부르기 시작하면서부터 시도조차 해보지 않고 포기하는 것은 하나님에 대한 불신이라는 생각이 들었다. 그래서 대학 편입 준비를 했고, 인하대학교 3학년으로 편입할 수 있었다. 게다가 입학과 동시에 한국전력에 입사하게 되었다.

낮에는 일을 하고 밤에는 대학에서 공부했다. 그리고 대학교수라는 꿈을 꾸게 되었다. 하지만 그토록 원했던 그 대학의 대학원 시험에 세 번이나 응시했지만 모두 낙방하고 말았다. 그런데 다른 길이 내게 열렸다. 당시 근무하던 한국전력에서 컴퓨터 요원을 구한다는 소식을 듣고 응시했는데, 내가 합격한 것이다. 프로그래밍 업무였는데 적성에도 딱 맞았다. 맞는 정도가 아니라 정말 재미있었다. 하루 종일 컴퓨터 앞에 앉아 프로그램을 보면서 분석하는 일이 조금도 지루하지 않았다. 그렇게 열심히 매진하다 보니 다른 직원들과 실력 차가 나기 시작했고, 회사에서는 내게 미국 기술 연수의 기회를 주었다.

플로리다 주에 있는 해리스(Harris Corporation)에서 4개월 동안 연수를 받으면서 새로운 세상을 보게 되었고, 나는 유학을 결심하게 되었다. 귀국 후 다시 2년간 열심히 준비해 뉴저지에 있는 스티븐스 공과대학(Stevens Institute of Technology)으로부터 입학 허가를 받았다. 접어두었던 교수의 꿈을 다시 펼칠 수 있는 기회가 온 것이다. 드디어 미국 유학길을 떠나 대학원에 입학하고 3학기 만에 석사 학위를 받았다. 그리고 바로 박사 학위 과정을 신청하려 했지만 아내가 강력히 반대했다. 여러 가지 환경을 고려할 때 박사 과정을 시작하기에는 무리였다. 또 한 번 꿈을 접고 취업하기로 결정했다. 꿈을 접는 일은 쉽지 않았지만 하나님은 그런 과정을 통해서도 일하시는 분임을 한참 지난 후에야 깨닫게 되었다. 하나님은 내가 소유한 꿈을 포기하게 함으로써 나의 인생에 개입하셨다. 내가 그 때 꿈을 접지 않았다면 지금의 원주민들을 만날 수 있었을까?

하나님의 축복

영주권이 없는 상태에서 취업하는 것은 쉽지 않았다. 노력 끝에 직원 수 10명 남짓한 작은 회사에 취업할 수 있었다. 초봉은 2만 5천 달러였다. 당시 컴퓨터 전공 석사 소지자의 평균 연봉은 약 3만 달러였을 때다. 하지만 나에게는 선택권이 없었다. 6개월 후 다시 급여 조정을 하기로 약속하고 일을 시작했다. 6개월 후 매니저는 내가 연봉 3만 달러를 받을 만한 실력이 된다고 인정해 주었고 사장에게 급여 인상을 요청했다. 그러나 매니저는 사장이 2만 8천 달러를 제안했다면서 만약 그 이상을 원한다면 사장을 직접 만나라고 했다. 그래서 사장을 만났지만 그는 재차 2만 8천 달러를 제안했다. 그런 사장에게 나는 하루에 15시간씩 열심히 일했다는 점을 어필했다. 컴퓨터 프로그래밍이라는 일이 너무 좋아서 거의 매일 저녁 식사 후 다시 회사로 와서 밤 12시까지 일했고, 그 사실을 누구에게도 알리지 않았기에 매니저만 어렴풋이 알고 있었을 것이다. 그러자 사장은 오버타임을 준 기억이 없는데 왜 그렇게 일했는지 되물었다. 나는 "사장님, 저는 제가 할 일을 감당하기 위해 매일 15시간씩 일했습니다. 그리고 지금은 제게 주어진 일을 감당하기에 충분한 실력이 있다고 생각합니다. 3만 달러로 올려주십시오"라고 대답했다. 사장은 잠시 생각하더니 3만 1천 달러를 주겠다고 약속했다. 이후로 나의

고사리 생산을 위한 대형 건조 시설을 구비해
본격적으로 고사리 사업을 진행했다.

마을 사람들도 이제 차가버섯을 알고
좋은 차가버섯 채취를 위해 열심히 일한다.

급여는 매년 거의 30퍼센트씩 올랐고, 4년 만에 연봉 8만 달러를 받는 연구개발본부장으로 승진했다.

첫 직장이었던 중소기업에서 5년을 근무한 후 35살이 되던 해에 이미지솔루션스(ISI; Image Solutions Inc.)라는 1인 회사를 창업했다. 사무실도 없이 집에서 시작했고, 경영에 관한 지식도 거의 없었다. 때로는 지식이 새로운 일을 시작하는 데 방해가 되기도 한다. 불확실성을 미리 알게 되면 두려움이 찾아오기 때문이다. 그래서 모르면 용감할 수 있는 것이다. 나에겐 자본도 별로 없었다. 장모님에게 2만 달러를 빌려서 시작했다. 그렇게 무모하다면 무모한 창업을 시작한 것이다.

그 후 시간이 지나고 나서 알게 된 중요한 사실이 있다. 아무리 치밀하게 준비해도 계획한 것의 70퍼센트 정도는 일어나지 않는다는 것이다. 다른 말로 바꾸면 70퍼센트의 새로운 일이 생긴다고 할 수 있다. 중요한 것은 이렇게 새로운 일에 대해 우리가 어떻게 반응하느냐 하는 것이다. 열심히 최선을 다하는 사람에게는 새로운 일이 벌어지게 마련이다. 그것이 계획한 일이든 계획하지 않은 일이든 간에 일은 일어난다. 때로는 계획하지 않은 일이 더 큰 일인 경우가 많았다. 일단 일을 시작하면 무언가를 담을 수 있는 그릇이 만들어지기 시작하는데, 대개 그 그릇은 처음 계획한 것만 담는 것이 아니다. 계획하지 않은 것도 담을 수 있게 된다는 뜻이다. 하지만 그릇이 없으면 아무것도 담을 수 없다.

창업한 이후 누구나 겪는 어려움이 없는 것도 아니었다. 그럼에도 최선을 다해 꾸려 나갔다. 그러다가 드디어 기회가 찾아왔다. 고객인 노바티스(Novartis) 제약회사의 20만 장의 신약 신청을 업계 최초로 종이 문서가 아닌 PDF 파일 형태의 전자문서로 미국식품의약국(FDA)에 신청하는 프로젝트를 맡게 된 것이다. 이 일로 회사는 급성장했고, 1997년에 직원 10명이던 회사가 2년 만에 직원 100명의 회사로 성장하게 되었다. 하지만 이런 성공 뒤에 꼭 따라오는 것이 있다. 바로 교만이다. 이 세상에 교만하고 싶어서 교만하게 되는 사람은 아마 없을 것이다. 그러나 성공이 나의 노력의 결과라고 생각하는 순간 나도 모르게 교만해지게 된다. 나를 사랑하시는 하나님은 나를 그대로 내버려 두지 않으셨다. 급성장하던 회사는 새 천년을 맞으면서 문제가 생기기 시작했다. 버블이 꺼진 것이다. 한 해 전만 해도 보너스 잔치를 벌였는데, 6개월도 채 지나지 않아 직원의 10퍼센트를 해고해야 했다. 그러면서 무엇이 잘못되었는지 스스로에게 질문하기

시작했다. 그리고 성경을 읽다가 그 속에서 나의 이야기를 발견
해냈다.

네가 먹어서 배부르고 아름다운 집을 짓고 거주하게 되며 또 네
소와 양이 번성하며 네 은금이 증식되며 네 소유가 다 풍부하게
될 때에 네 마음이 교만하여 네 하나님 여호와를 잊어버릴까 염
려하노라 여호와는 너를 애굽 땅 종 되었던 집에서 이끌어 내시
고 너를 인도하여 그 광대하고 위험한 광야 곧 불뱀과 전갈이
있고 물이 없는 간조한 땅을 지나게 하셨으며 또 너를 위하여
단단한 반석에서 물을 내셨으며 네 조상들도 알지 못하던 만나
를 광야에서 네게 먹이셨나니 이는 다 너를 낮추시며 너를 시험
하사 마침내 네게 복을 주려 하심이었느니라 그러나 네가 마음
에 이르기를 내 능력과 내 손의 힘으로 내가 이 재물을 얻었다
말할 것이라 네 하나님 여호와를 기억하라 그가 네게 재물 얻을
능력을 주셨음이라 이같이 하심은 네 조상들에게 맹세하신 언
약을 오늘과 같이 이루려 하심이니라 (신명기 8:12~18)

이 말씀을 읽는 순간 나는 흘러내리는 눈물을 주체할 수 없었

다. 그리고 지금까지의 성공이 나의 노력의 결과가 아니라 하나
님의 축복임을 마음속 깊이 깨닫게 되었다.

회사를 팔다

범사에 기한이 있고 천하만사가 다 때가 있나니 (전도서 3:1)

구약성경 전도서에서 솔로몬은 세상만사에는 모두 때가 있
다고 했다. 날 때가 있고 죽을 때가 있으며, 심을 때가 있고 심은
것을 거둘 때가 있다는 말이다. 1992년에 집에서 홀로 시작했
던 회사는 2010년에 이르러 직원 500명의 꽤 괜찮은 중견 기업
으로 성장했다. 그러나 솔로몬의 지혜처럼 시작할 때가 있으면
마무리할 때도 있는 법이다. 일련의 과정을 거치면서 나는 회사
를 미국 내 대기업인 컴퓨터 사이언스 코퍼레이션(CSC; Computer
Science Corporation)에 매각하기로 결정했다. 가장 큰 이유는
2008년 세계를 덮친 경제 위기 때문이었다. 그러한 일이 있을 것
이라고는 전혀 예상치 못한 상황에서 갑자기 겪게 된 위기는 나
를 코너로 몰았다. 그나마 다행인 점은 우리 회사가 가지고 있는

네가 왕후의 자리를 얻은 것이
이 때를 위함이 아닌지 누가 알겠느냐?

기술력과 인력이 매우 독특했다는 것이다. 회사는 위기에 닥쳤지만 회사의 가치를 인정받아 전략적인 인수 과정을 통해 시장의 가격보다 높은 가격으로 매각할 수 있었다.

회사가 매각되고 나서 몇 명의 회사 중직들은 백만장자가 되었다. 회사를 운영하면서 중직들에게 지분을 나누어 주었기 때문이다. 누군가는 내가 그들을 부자가 되게 해 주었다고 고마워할지 모르지만, 나는 그들이 나를 부자로 만들어 주었다고 확신한다. 기업 경영을 통해 배운 원리 중 하나가 성공은 나누어야 커진다는 것이다. 그들도 이런 내 마음을 알았고 함께 공유했기에 서로가 서로에게 성공을 가져다 준 것이다.

회사를 매각하면서 경제적인 여유는 물론이고 시간적인 여유도 생겼다. 만약 회사를 매각하지 않았다면 캐나다 원주민을 위한 사역도 시작하지 못했을 것이다. 또한 자산의 많은 부분을 이미 설립되어 있던 그레이스 채리티 재단(Grace Charity Foundation)에 기부함으로써 선교와 교육 사역을 지원할 수 있었다. 어려울 때를 위해서 미리 준비하지 않은 것은 분명 나의 잘못이다. 하지만 하나님은 나의 잘못을 잘못으로 끝맺지 않으시고 새로운 출발이 되게 하셨다. 이것이 나를 향한 하나님의 은혜다.

점과 선

인생은 점과 같은 사건으로 구성되어 있다. 그런데 과거를 되돌아보면 이 점들이 하나씩 이어져 있다. 즉 점들이 모여서 선을 이룬다. 우연이라고 여겨졌던 사건들은 그 이유가 분명해지고 이야기로 변하게 된다.

나는 우연히 시골에서 태어난 줄 알았다.

나는 우연히 큰형이 알코올 중독자가 된 줄 알았다.

나는 우연히 (교수가 되려고) 미국에 오게 된 줄 알았다.

나는 우연히 캐나다 단기선교를 가게 된 줄 알았다.

나는 우연히 원주민 추장을 만난 줄 알았다.

그런데 그 모든 일은 우연이 아니었다. 우연이라고 여겨졌던 점들이 모여 선이 되었다. 내가 보기에는 그저 우연히 생긴 점 같았지만,

과거를 자세히 돌아보면 그 속에는 하나님의 계획이 있었다. 나를 통해서 이루실 원주민들에 대한 하나님의 계획 말이다. 우리가 낙망하지 말아야 하는 이유가 바로 여기에 있다. 하나님 안에서의 삶은 우연을 가장한 하나님의 계획된 일의 연속이기 때문이다.

뒤바뀐 삶

단기선교에서 돌아오는 길에 하나님 앞에 마음을 정리했다. 마음이 정리된 후 처음 한 일은 밴쿠버로 향하는 버스 안에서 원주민 추장 토니에게 만나서 반가웠다는 이메일을 보내는 것이었다. 그리고 집에 도착해서 토니에게 원주민 마을을 다시 한 번 방문하고 싶다고 연락했다. 그리고 원주민들을 제대로 이해하기 위해 도움이 될 만한 비디오를 구해 시청했다. 그들의 고통을 이해하지 않고서는 아무것도 할 수 없기 때문이다. 10편 정도의 비디오를 시청하면서 그들의 과거와 현재를 조금이나마 이해할 수 있었다. 결국 나는 단기선교에서 돌아온 지 한 달 만에 다시 원주민 마을을 방문했다. 2010년 9월 6일 새벽 4시 30분에 뉴저지에 있는 집에서 떠나 3시간가량 연착된 비행기를 타고 오후 2시에 캐나다 밴쿠버에 도착했다. 그곳에서 다시 차를 렌트하여 16시간이나 걸리는 긴 여행을 시작했다. 프린스 조지에 도착한 시각이 밤 11시 30분이었다. 하룻밤을 보내고 아침 일찍 기탄야우를 향해 출발했다.

긱섬을 위한 첫 걸음

비록 한 달이라는 짧은 시간이었지만 하나님 앞에서 마음을 정리하고 그들을 이해하기 위해 비디오를 보고 책과 자료를 찾아가며 공부한 후 다시 방문한 원주민 마을은 새롭고 친근하게 다가왔다. 낮 12시에 추장을 만났고, 다른 몇 명의 마을 지도자들에게 나의 생각을 나누었다. 그리고 그날 저녁에는 마을 지도자 모임에서 앞으로 진행하려는 나의 계획을 설명했다. 열 명 정도의 지도자들을 만나 설명하면서 그들로부터 긍정적인 반응을 얻을 수 있었다.

단기선교로 왔을 당시 어린아이들과 청소년들의 가슴 아픈 사정을 들었었다. 그래서 다시 청소년들을 만나서 그들의 장래 희망을 들어볼 수 있었다. 이미 예상은 했지만 어린 청소년들의 입에서 참으로 가슴 아픈 이야기들을 들었다. 대부분의 학생들이 꿈도 장래에 대한 희망도 없었다. 내가 이 어린 영혼들을 위해 무엇이라도 해야겠다는 각오를 되새긴 날이었다.

원주민 마을을 방문하고 돌아온 지 일주일 쯤 되었을 때 추장 토니에게 제안서를 보냈다. '기탄야우사업개발위원회(Gitanyow Business Development Committee)'를 구성하자는 내용이었다. 나를 포함한 원주민 4명으로 이사회를 구성하되 원주민 이사 세 명은 마을에서 공식적으로 지명해 달라고 요청했다. 원주민 이사들이 확정되면 12월에 미국에 있는 우리 집에서 전략회의를 갖자는 제안도 했다. 토니도 나의 제안에 동의했다.

그런데 한 가지 답답한 문제가 있었다. 내가 이메일을 보내면 이삼일이 지나서야 답신이 오는 것이었다. 몇 시간 이내 또는 하루 만에 이메일 답변을 받아왔던 나로서는 참기 어려운 태도였다. 나의 적극적인 제안을 원주민들이 무시하는 것으로 여겨졌기 때문이다. 그뿐만 아니었다. 토니가 내게 미국에서 판매를 위한 시장조사 등의 목적으로 송이버섯 샘플을 보내주기로 약속했는데 아무런 연락이 없는 게 아닌가? 그리고는 시간이 한참 지나서야 통관 문제로 보내주기 어렵다고 연락해 왔다. 과연 이런 상황에서 비즈니스를 제대로 할 수 있을지 고민이었다. 지난 18년 간 비즈니스를 해오면서, 아니 그 전부터 직장생활을 해오면서 경험하기 힘든 반응이었다.

하지만 이것도 내가 감내해야 할 일이었다. 나는 자비를 들여 선발된 위원들을 뉴저지로 초청할 계획이니 여행 가능한 시간을 알려달라고 재촉했다. 혹시나 오해를 막기 위해 그 여행 경비는 나중에 회사를 설립한 후 이익이 발생하면 거기에서 제하겠다고 했다. 그런데 수차례 보낸 이메일이 열흘이 다 되어가는데도 답변이 없었다. 나의 인내는 한계에 도달했다. 가부를 결정하기 힘들다면 생각할 시간을 달라는 정도의 답이라도 준다면 나 또한 시간을 갖고 기다릴 수 있으니 답변을 달라고 메일을 보냈다. 또 문제가 있다면 이를 논의하기 위해 전화를 달라고 해도 여전히 소식이 없었다. 전화하기 어렵다면 내가 전화를 할 테니 전화번호를 알려달라고 해도 묵묵부답이었다. 나중에 열흘 정도 지나서야 그 동안 출장을 다녀오느라 이메일을 받을 수 없었다는 것과 다른 일로 바빴다는 연락을 받을 수 있었다.

원주민 추장 토니에게 '기탄야우사업개발위원회(Gitanyow Business Development Committee)'를 구성하자고 제안했다.

원주민들의 시간 속으로

나는 마음이 조급했고 무언가 일을 진척시키고 싶었다. 지금 돌이켜 보면 당시 진행되던 회사의 매각이 늦춰지고 있어서 마음이 더 초조했는지 모른다. 나는 추장 토니와의 소통에 문제가 있다고 판단해 이전에 만났던 같은 마을의 원주민인 캘빈(Calvin)에게 전화해서 나의 어려움을 토로했다. 캘빈은 내 마음을 이해한다며 나를 위로했다. 그리고 원주민 마을에 다시 방문해 대화하기를 원한다고 하니 캘빈은 적극적으로 모임을 주선해 주겠다고 약속했다. 토니와 달리 빠른 답변을 해 주는 캘빈이 더없이 고마웠다. 그러나 나의 방문이 토니가 모르는 상태에서 진행된다면 여러 문제가 생길 수 있기 때문에 토니에게 메일로 그동안 있었던 일을 설명했다. 토니는 이해한다고 답하기는 했지만 섭섭해 하는 기운이 느껴졌다.

지난번 방문 때는 밴쿠버에서 차를 렌트해 16시간이나 운전해서 겨우 마을에 도착했지만, 세 번째 원주민 마을 방문 때에는 밴쿠버에서 원주민 마을 근처에 공항이 있는 테라스(Terrace)까지 비행기를 이용했다. 캘빈은 공항까지 나와서 나를 반갑게 맞이해 주었다. 캘빈은 다음날 아침 8시 정각에 마을 지도자들과 설명회가 있다는 소식을 들려 주었다. 그런데 다음날 아침에 캘빈은 8시 30분이 되어서야 집을 나서는 것이 아닌가? 미팅 장소에 도착했지만 아직 아무도 오지 않은 것이다. 거의 한 시간이 지나서야 사람들이 도착했다. 그제야 나는 중요한 깨달음을 얻게 되었다. 원주민과 더불어 비즈니스를 하기 위해서는 그들의 시간에 따라 움직여야 한다는 것이다. 나의 시간에 맞춰 움직이려고 하면 아무것도 할 수 없었다. 조금 늦게 만나기는 했지만 나는 마을 지도자들에게 최선을 다해 비즈니스 계획을 구체적으로 설명했다. 물론 그들도 매우 좋아했다.

세 번째 방문 후 나는 다시 송이버섯 비즈니스 개발을 위한 위원회를 구성하기로 계획했다. 이전에 제안한 구성을 바꿔 이번 설명회에 참석한 사람들과 추장 토니를 포함해 네 명으로 위원회를 구성하기로 했다. 하지만 그들 간의 불신으로 인해 위원회는 결성되지 못했다. 나는 다시 원점으로 돌아가 토니와 캘빈 두 사람을 고문으로 삼기로 했다. 왜냐하면 두 사람 모두 마을에서 존경 받는 인물이기 때문이다.

나는 두 사람에게 미국 방문을 요청했다. 물론 필요한 항공료는 내가 지불했다. 그리고 토니에게 나의 회사가 컴퓨터 사이언스 코퍼레이션에 매각된다는 언론 기사를 보여주면서 내가 하려는 일에 대해 신뢰할 수 있도록 했다. 그들을 미국으로 초대한 목적도 신뢰를 쌓기 위한 것이었다. 그동안의 과정을 거치면서 서로 신뢰를 쌓지 않고서는 아무 일도 할 수 없음을 절실히 느꼈기 때문이다. 드디어 토니와 캘빈이 뉴어크 국제공항에 도착했다.

토니와 캘빈은 3일 동안 우리 집에 머무르면서 신뢰를 쌓아가기 시작했다. 함께 브로드웨이에서 뮤지컬 「라이언 킹(Lion King)」도 관람하고, 타임스퀘어에서 점심 식사도 하고, 내가 출석하는 교회에서 같이 예배를 드리면서 간증도 했다. 무엇보다 내가 그들을 도우려고 하는 이유가 하나님이 주신 사명임을 알게 해주고 싶었다. 그렇게 나는 원주민들을 머리로만 이해하는 것으로부터 시작해 그들의 생활과 문화를 이해하고, 나아가 그들의 아픔을 함께 껴안으면서 원주민들의 시간 속으로 들어가고 있었다. 하나님이 나를 원주민들의 시간 속으로 밀어 넣으신 것이다.

자존감의 회복

퍼시라는 원주민 형제가 어느 날 갑자기 나를 찾아와서 돈을 내밀었다. 그로부터 3년 전, 퍼시는 긱섬의 매니저로 일했다. 퍼시가 매니저로 일하던 초기에 나는 그가 신용카드 대출이 2만 달러나 있고 매달 5백 달러씩 이자로 내고 있다는 사실을 알게 되었다. 그래서 1차로 1만 달러를 주고 돈을 갚게 하고 1차가 성공적으로 끝나면 2차로 나머지 1만 달러를 추가로 빌려주고 매달 급여에서 30퍼센트씩 공제해 나가기로 했다. 그러면서 더 이상 대출을 받지 않아야 하며, 이를 위해 매달 대출 잔액고지서를 보여 달라고 했다. 그렇게 50퍼센트의 대출금을 갚을 즈음 업무상 문제가 생겼고, 이에 대해 몇 번의 경고를 했지만 고쳐지지 않자 긱섬의 매니저 직에서 해고를 하게 되었다.

공적으로는 불가피하게 해고를 했지만, 사적으로 그의 처지를 잘 알기에 미안한 마음도 있었다. 다시 직업을 구할 때까지 매달 꾸어 준 돈에서 일정 금액을 공제하기로 했다. 얼마 후 그가 트럭 운전사로 취직했다는 소식을 들었다. 열심히 살려고 노력하는 모습을 보면서 조금이나마 도움을 주기 위해 퍼시에게 회사 주식의 5퍼센트를 최초 투자금액의 4분의 1의 가격으로 살 수 있도록 하고 주주가 되게 해 주었다. 게다가 매년 배당금도 받게 해 주었다. 이런 일이 있은 지 3년이 지나도록 나는 그 사실에 대해 까마득히 잊고 있었다. 그런데 3년 만에 나를 찾아온 퍼시가 300달러를 내미는 것이 아닌가? 자신이 나에게 해고를 당하고 새로운 직업을 찾을 때까지의 시간을 계산해 보니 내가 꾸어 준 돈이 다 떨어지기 전이었다고 한다. 그래서 그동안 고민하다가 돈을 돌려주게 되었다는 것이다.

지금까지 몇 차례 원주민들에게 돈을 꾸어 주긴 했지만 약속한 제때에 돌려받은 경우는 드물었다. 원주민들에게 돈이 필요한 이유는 대부분 계획성 없이 쓰기 때문이다. 대부분 원주민들은 돈이 생기면 일단 쓰고 본다. 그리고 돈이 다 떨어지고 나면 도움을 요청하는 식

이었다. 다른 악의는 없어 보였다. 단지 돈을 어떻게 사용해야 하는
지, 돈을 갚기 위해 어떻게 해야 하는지 계획이 없었던 것이다. 나는
원주민들을 어떻게 도와야 할지 고민했다. 그러다가 방법을 찾게 되
었다. 긱섬에서 일하던 한 매니저는 차를 수리하기 위해 돈이 필요했
는데, 돈을 빌려주는 대신에 매번 월급에서 30퍼센트씩 공제하기로
했다. 그랬더니 두서너 달 안에 빌린 돈을 모두 갚을 수 있었다. 앞서
말한 퍼시도 마찬가지로 돈을 빌리고 갚는 훈련을 통해 돈을 어떻게
써야 할지 배우게 된 것이다. 이런 일을 겪으면서 '그들이 돈을 빌리
고 갚지 못하면 얼마나 스스로의 자존감이 무너지게 될까?'라는 생
각이 들어 가슴이 아팠다.

  원주민들의 여러 문제 가운데 가장 안타까운 것이 바로 자존감 결
여다. 원주민들 중 상당수가 그들 스스로 할 수 있는 일이 없다고 생
각한다. 겉으로는 외부인들을 비난하지만 마음 깊은 곳에서는 외부

인의 능력을 부러워한다. 원주민들에게 "당신도 할 수 있다"고 아무리 말해도 그들의 가슴을 움직일 수 없다. 그들 스스로 경험해 보지 못한 말은 그저 허공을 칠 뿐이다. 돈을 준다고 해결될 일이 아니다. 오히려 원주민들을 더욱 힘들게 만드는 지름길이 될 수도 있다. 무엇보다 중요한 것은 그들 스스로 할 수 있다는 사실을 직접 느끼고 경험해 보는 과정이다. 내가 아무리 좋은 회사를 만들어서 그것을 통해 우리가 보기에 좋은 선교를 한다고 해도 내가 사라지는 순간 모든 것이 사라질 수 있다는 것을 항상 명심해야 한다. 원주민들의 시간 속으로 밀어 넣으신 하나님 앞에서 내가 할 일은 원주민들의 방식으로 그들을 돕는 것이다. 그 첫 걸음이 스스로 할 수 있다는 자신감을 불어넣어 주는 것이다. 말이 아니라 삶 속에서….

하나님의 침묵

원주민 회사 긱섬(GITXM)은 'Gitx Mushroom'의 약자다. 앞서 소개한 캐나다 원주민들은 긱산(Gitxsan)족이다. 내가 머물면서 원주민들에게 송이버섯을 매입하고, 고사리를 건조하고, 차가버섯 상품 만드는 일을 하고 있는 지역을 기준으로 차로 20분 정도의 반경에 약 2천 명의 원주민들이 살고 있다. 원주민 긱산족은 겉으로 보기에는 평화로워 보이지만 그 속을 들여다보면 참으로 안타까운 일이 많다. 4명 중 1명이 알코올 중독이고, 청소년 자살률은 캐나다 평균의 6배다. 심지어 청소년들이 집단 자살을 하는 경우도 종종 발생하고 있다. 특히 청소년 문제가 심각한데, 삶에 희망이 없고 배운 지식을 사용할 기회가 없어서 고등학교를 중퇴하는 비율이 50퍼센트가 넘는다고 한다. 대부분 일찍 결혼해서 자녀를 많이 낳기 때문에 25세 이하 인구가 전체의 50퍼센트를 차지하고 있다. 지금도 문제이지만 이러한 현상은 시간이 지나면 지날수록 더욱 심각한 문제를 야기하고 있다. 여전히 대부분의 젊은이들이 마땅한 직업이 없어 경제 활동을 제대로 하지 못하는 암담한 현실에 놓여 있다. 그들에게 시간은 많고 할 일은 없다. 정부에서 주는 보조금은 오히려 그들을 무기력하게 만들었다. 그로 인해 원주민 보호구역을 벗어나 새로운 곳에서 도전할 용기조차 잃어 버렸다.

원주민 회사 긱섬

원주민 마을에 교회가 있긴 하지만 재정이 부족하고 노년층이 많아 성인 위주의 예배가 진행된다. 대부분의 원주민 교회에는 10명 이하의 소수만 출석하고, 그것도 60대 이상의 노인들뿐이다. 당연히 교회에서 젊은이들을 찾아보기란 힘들다. 교회가 이렇게 원주민들에게 외면을 받는 데에는 가슴 아픈 사연이 있다. 한때 원주민 선교를 한다며 교회가 돈과 힘을 앞세워 원주민 문화말살정책을 펼쳤다. 게다가 원주민 아이들이 만 5세가 넘어가면 부모와 강제로 떨어뜨려 기숙학교에 보내고 원주민 문화를 답습하지 못하게 하려는 동화정책을 시행했다. 그래서 현재 60대 이상의 노년층은 그때를 기억하면서 기독교에 대해 대단히 부정적이다. 기숙학교의 대부분 교사들이 기독교인이었기 때문이다. 이런 아픔이 대를 이어오면서 원주민들과 교회는 간극이 더욱 멀어졌다. 이와 같은 배경을 이해하지 못하는 사람들은 원주민 마을에 단기선교를 왔다가 반응이 시큰둥하다며 안타까워한다. 어쨌든 이런 배경이 뒤섞여 원주민 선교가 참으로 어려운 것이 사실이다. 그리고 이곳으로 하나님은 나를 부르셨다.

추장은 송이버섯 가격의 폭락을 막아달라고 부탁했지만, 내가 할 일은 단지 가격 폭락을 막는 게 아니었다. 회사 이름을 긱섬이라고 붙인 데에는 이 회사가 긱산족 원주민들의 회사라는 것을 말해 주고 싶었기 때문이다. 단지 회사 명칭만 그들의 이름을 쓴 것이 아니라 이 회사가 원주민들의 자립을 최종 목적으로 설립되었음을 각인시키려고 했다. 긱섬의 로고에는 원주민을 상징하는 독수리와 회사의 주 상품인 고사리가 양 날개에 있고 몸통에는 버섯이 그려져 있다. 원주민을 위한, 원주민 회사

GITXM

긱섬의 로고에는 원주민을 상징하는 독수리와 회사의 주 상품인 고사리가
양 날개에 있고 몸통에는 버섯이 그려져 있다.

라는 것을 분명히 한 것이다. 회사의 설립 목적에서도 이익금의 20퍼센트는 원주민 선교를 위해, 10퍼센트는 교육을 위해 사용한다고 명시했다. 회사의 지분이 모두 원주민에게 옮겨진다 해도 이 회사를 통해 선교와 교육을 지속하기 위해서였다. 이를 위해 나는 점차적으로 소유권의 대부분을 원주민들에게 이양하고 있다.

하나님이 나를 팽개치셨다

긱산족의 마을은 북미에서 자연산 송이버섯이 제일 많이 나는 지역이다. 품질도 그 어떤 지역의 자연산 송이버섯에 뒤지지 않는다. 문제는 도시에서 워낙 멀리 떨어진 지역이라 배송에 어려움이 있고, 원주민들의 생산량이 늘어나면 가격이 폭락한다는 것이다. 처음 회사를 시작하고 미국으로 자연산 송이버섯을 수출했다. 평생 컴퓨터 소프트웨어 분야에서 일했던 나에게는 무역에 대한 지식이 전혀 없었다. 게다가 농산물 수출에 대해 아는 바가 전무했다.

당연히 문제가 생겼다. 처음 미국으로 수출한 송이버섯이 통관에 걸려 일주일 이상 지체되다 썩어버렸고, 결국 배달이 불가능하여 폐기 처분되었다는 연락을 받았다. 한 번 실패했다고 포기할 내가 아니다. 조금 더 신중하게 한번 실패를 교훈삼아 다시 도전했다. 그런데 이번에는 보내는 시간을 잘 몰라서 문제가 생겼다. 통관은 잘 통과했지만 주말인 금요일에 미국에 도착해 배달이 안 되고, 월요일에 배달이 되긴 했으나 절반 이상 썩어 버렸다. 그러는 사이에 송이버섯 철은 끝나고 말았다. 힘이 쭉 빠졌다. 스스로 한심한 생각이 들기도 하고, 하나님에 대한 원망마저 솟아올랐다. 원주민을 위해 좋은 일을 하려고 하는데 하나님은 왜 도와주시지 않는 것인가? 하나님이 나를 광야에 팽개치셨다는 마음이 들자 속이 상할 대로 상했다.

원망만 하고 있을 순 없다

그렇다고 원망만 하고 가만히 앉아 있을 순 없었다. 이미 다른 사람들에게 내가 원주민 돕는 일을 하고 있다고 떠벌려 놓았기 때문이다. 그러던 중 원주민 지역에 고사리가 많이 난다는 소식을 들었다. 그래서 그 다음 해 봄에는 고사리를 생산하기로 결정했다. 따로 할 일이 없었기 때문이다. 내가 시골 출신이라 어머니가 고사리를 삶아서 말렸던 기억을 더듬어 보았다. 송이버섯과 달리 고사리는 삶아서 말리면 유통하는 데 큰 지장이 없을 것이라는 판단이 들었다. 게다가 이곳 긱산 마을은 청정 무공해 지역인 데다 이곳의 자연산 고사리는 품질 면에서 최상품이었다. 무엇보다 고사리는 부드러워야 하는데, 이곳의 자연환경은 많은 일조량과 풍부한 강우량 덕택에 고사리가 매우 빠르게 잘 자란다. 고사리가 자라는 시기에는 밤 11시가 되어야 어두워지고 매일 소나기도 오기 때문이다. 그래서 크고 굵고 부드러운 최상품의 자연산 고사리를 채취할 수 있다.

고사리 비즈니스도 쉽지 않았다. 건조하는 작업이 생각처럼 쉽지 않을 뿐더러 처음이라 제법 많은 실수를 했다. 첫 고사리 시즌을 보내면서 좀 더 적극적으로 일해야 할 필요성을 절실히 깨달았다. 고사리의 건조와 보관에 필요한 장소와 시설이 필요했던 것이다. 곧바로 그곳에 집을 구입하고 필요한 시설을 갖추기 시작했다. 특히 고사리 생산을 위한 대형 건조 시설을 구비해서 그 다음 해부터 본격적으로 고사리 사업을 하기 위한 준비를 서둘렀다.

말리면 된다!

고사리 생산을 잘 마치고 그 해 가을 송이버섯 시즌을 맞아 다시 원주민 마을로 돌아왔다. 솔직히 송이버섯은 생각하기도 싫었다. 그런데 흥미로운 일이 생겼다. 원주민 마을 근처에 사는 한국 분이 내게 송이버섯을 많이 사 달라고 부탁을 해왔다. 한꺼번에 많이 사서 어쩌시려고 그러냐고 물었더니 다 못 먹으면 말리면 된다는 것이 아닌가!

'말리면 된다!'

갑자기 좋은 아이디어가 떠올랐다. 송이버섯을 말려서 팔면 되겠다는 생각이 들었다. 긱섬은 이미 고사리 건조를 위한 좋은 시설을 갖추고 있었다. 그 건조 시설이 이제 송이버섯을 건조하는 데에도 사용할 수 있게 된 것이다. 건조 송이버섯은 내 사업 계획에는 전혀 없던 아이템이었다.

하나님이 나를 부르시는 방법

그 다음 해 봄 뉴저지에서 트레일러를 사서 고사리 철에 필요

한 물건을 가득 싣고 뉴저지에서 출발해 대륙을 횡단하여 원주민 마을로 올라갔다. 그런데 캐나다 국경에서 문제가 생겼다. 캐나다 국경 직원은 내가 많은 짐을 가지고 국경을 넘으려고 하니 무슨 일을 하는지 캐물었다. 원주민들을 위해 회사를 세워 원주민을 돕는 일을 한다고 자랑스럽게 대답했다. 그랬더니 회사에서 나의 역할이 무엇인지 다시 물었다. 물론 회사의 사장이라고 대답했다. 그러자 그 직원은 내게 노동허가가 있는지 물었다. 순간 당황스러웠다. 노동허가는 생각도 하지 못했다. 회사에서 월급을 받지 않았기 때문이다.

처음부터 나는 원주민 회사를 만들어주고 떠날 목적이었다. 한 7년이면 끝날 줄 알았다. 그래서 월급을 받지 않는 비즈니스 선교사(Business Missionary)라고 대답했다. 국경 직원은 그런 직업을 들어보지 못했다며 비즈니스맨이면 비즈니스맨이고 선교사면 선교사지, 비즈니스 선교사라는 말은 처음 들어 본다고 했다. 결국 이틀 동안 붙잡아두고 확인을 하더니 노동허가를 받을 때까지는 입국을 허가할 수 없다고 했다. 입국이 거절된 것이다. 그렇다고 그 짐을 가지고 뉴저지로 다시 돌아갈 순 없었다. 그래서 원주민 형제에게 시애틀로 내려오도록 부탁을 하고 나도 이틀간 운전해 시애틀로 갔다. 어쨌든 트레일러를 원주민을 통해 보낸 후 화가 난 상태로 뉴저지로 돌아왔다. 하루에 18시간씩 운전해 이틀 반 만에 집으로 돌아온 것이다. 화가 나니 그런 일도 가능했다. 화도 엄청난 에너지다. 물론 잘만 다루면 말이다.

고사리 철은 다가오고 가만히 있을 수만 없었다. 원주민 추장으로부터 추천서를 받고 프린스턴 신학대학교 총장으로부터 비즈니스 선교사라는 내용의 편지도 받았다. 이번에는 받은 추천서와 편지를 들고 육로가 아닌 비행기를 타고 밴쿠버 공항으로 갔다. 모르면 원래 용감한 법이다. 밴쿠버 공항에서 다시 입국이 거절되었고, 이번에는 경찰의 에스코트까지 받아서 돌아오는 비행기 게이트로 퇴출되었다. 하나님이 나를 또 한 번 광야에 내팽개치셨다. 아니, 하나님이 나를 부르셨으면 잘 도와주셔야 하는 것 아닌가? 그런 후 4개월 뒤에야 정식으로 노동허가가 났다. 만약 원주민들을 돕는 일에 노동허가가 필요하다고 생각했다면 아마 이 일을 시작하지도 않았을 것이다. 하나님은 나를 무지한 상태에서 부르셨고, 그것이 하나님이 나를 부르시는 방법이었다.

또 다른 일이 벌어졌다

송이버섯을 건조하기 시작한 다음 해인 2014년 가을에 또 다른 일이 벌어졌다. 근처에 품질 좋은 자연산 차가버섯이 있다는 소식을 듣게 된 것이다. 차가버섯은 추운 지방의 자작나무에서 자란다. 그래서 자작나무가 많고 추운 러시아산 차가버섯이 한국에서는 가장 잘 알려져 있다. 이곳은 알래스카 바로 아래에 위치하고 있어 겨울이 되면 그 어느 곳보다 춥다. 게다가 자작나무도 많다. 좋은 차가버섯이 자라기 좋은 기후 조건이다. 차가버섯은 몸의 저항력을 높여 주는 항산화 성분이 많아 노화 방지, 항암, 당뇨에도 좋고 칼륨이 많아 고혈압에도 좋다. 또한 몸의 저항력을 높여 주어 감기 예방과 각종 알레르기 치료에도 사용된다.

겨울철에 생산되는 차가버섯이 특히 약효가 좋아 우리 회사는 겨울에만 차가버섯을 생산한다. 그러기 위해서는 좋은 건조 시설이 필요한데, 마침 고사리 때문에 구비한 건조 시설을 차가버섯 건조에도 사용하게 되었다. 고사리를 건조하면서 수많은 시행착오를 거친 덕에 차가버섯 건조는 별 무리 없이 최상의 조건으로 진행할 수 있었다. 이곳 사람들은 내가 차가버섯을 채취해 생산하기 전까지는 차가버섯이 무엇인지도 몰랐다. 그러나 현재 긱섬의 매출 50퍼센트는 차가버섯이 차지하고 있다. 그만큼 생산량이 많아졌다는 것이고, 원주민들의 일자리도 늘어났다는 의미다. 마을 사람들도 이제 차가버섯을 알고 좋은 차가버섯 채취를 위해 열심히 일한다. 그런데 원주민들 다수는 암을 비롯한 많은 성인병을 앓고 있다. 지금은 오히려 많은 원주민들이 차가버섯을 복용하기 때문에 차가버섯이 일자리 창출뿐만 아니라 원주민들의 건강 증진에도 한몫을 하고 있다.

다시 송이로

처음 싱싱한 송이버섯 수출에 실패했다고 해서 포기할 수 있는 일이 아니다. 다른 사람들이 하는 일을 내가 못할 이유가 없지 않은가? 실수는 고치면 된다.

싱싱한 송이 판매는 단계적으로 진행되었다. 첫 번째는 통관 문제가 없는 캐나다 안에서 판매했다. 먼저 캐나다 동부에 있는 대형 한인 슈퍼마켓에 송이를 공급하는 일부터 시작했다. 이어서 캐나다 서부의 밴쿠버 시장을 개척하기 시작했다. 그 다음에는 미국으로 배송하는 일에 성공하게 되었다. 물론 작은 문제가 발생하기도 했지만 문제는 하나씩 풀려나갔다.

마지막으로 송이버섯의 최대 시장인 일본을 상대로 시장개척을 시작한다. 현재 일본으로 판매되는 송이는 모두 밴쿠버에 있는 중간 상인들에 의해 판매되고 있다. 밴쿠버에 있는 중간상인들은 원주민을 고용해 송이를 원주민 동네에서 밴쿠버로 운반하고, 밴쿠버에서 일본의 구매자가 원하는 품질로 손질한 후 수출하게 된다. 그러므로 송이의 구매 가격은 전적으로 밴쿠버에 있는 중간 상인에 의해 결정된다. 그러다 보니 많은 원주민들은 밴쿠버에 있는 중간 상인들이 폭리를 취한다고 불평을 늘어놓았다.

긱섬이 할 일은 이 중간 상인이 하는 일을 원주민 마을에서 해결해 내고 일본으로 직접 수출하는 것이다. 유통 과정을 한 단계 줄인다는 것은 판매 가격을 내려 경쟁력을 높이는 것은 물론이고 더 높은 구매가를 원주민에게 줄 수 있다는 의미이다. 그리고 가격 결정에 있어서 일방적으로 중간 상인에 의해 결정되는 것을 막고 최종 소비자와 적정 가격을 타협할 수 있는 위치에 서게 하는 것이다. 원주민 추장이 나에게 처음 부탁한 송이 가격 폭락을 막기 위해서는 근본적으로 원주민들의 업무 처리 능력을 높이지 않고서는 불가능한 일이다.

또한 시장에서 원하는 물량보다 더 많은 송이버섯이 나왔을 경우 잉여 물량을 소비하여 가격을 안정시키기 위해 송이병조림을 시작하게 되었다. 송이병조림을 만들기 위해서는 식품검역청 허가라는 장벽을 넘어야 한다. 그런데 그 장벽이 장애물이 되는 것만은 아니다. 일단 장애물을 넘기만 하면 오히려 그것이 방패막이 될 수 있었다. 나는 이 일을 해내야만 한다. 그래야 송이 가격 폭락을 막아주겠다는 약속을 지킬 수 있기 때문이다.

실수도 들어 쓰신 하나님

자연산 송이버섯 배송 실수에서부터 고사리 사업이 시작되었다. 고사리를 건조하려고 건조 시설을 갖추었고, 그 건조 시설을 사용하여 건조 송이버섯은 물론, 차가버섯도 생산하게 되었다. 처음 계획했던 일들이 순조롭게 진행되지는 않았지만 계획하지 않았던 일이 일어나기 시작했다. 일이 제대로 진행되지 않을 때는 하나님이 침묵하시는 줄 알았다. 그런데 하나님은 잠잠하셨던 것이 아니라 내 옆에서 당신의 일을 하고 계셨다. 하나님은 내가 그분의 일을 한다고 해서 무조건 일이 잘 풀리게 해 주지는 않으셨다. 역설적이게도 나의 실수를 사용하셨다. 그 실수가 없었다면 가을 한철 자연산 송이버섯 비즈니스만 했을 것이다. 건조 시설을 갖출 필요가 없기 때문이다. 그런데 실수 때문에 봄철에 고사리, 가을에 건조 송이, 겨울에 차가버섯을 생산하게 되었다.

하나님은 내가 이곳 긱산 마을에 가을 한철만 잠시 머물다 떠나는

것을 원치 않으셨던 것 같다. 봄, 가을, 겨울 세 시즌을 이곳에 머물면
서 원주민들과 더불어 살아가기를 원하신 게 아닐까? 그렇게 시작한
원주민 마을에서의 삶이 이제 7년을 넘어서고 있고, 뉴저지에 있는
우리 집보다 원주민 마을에서 훨씬 많은 날들을 보내고 있다. 송이와
고사리와 차가버섯을 생산하지 않을 때는 이곳에서 일하면서 정리한
비즈니스 선교를 나누기 위해 곳곳을 다닌다. 그러다 보니 1년 내내
긱섬 마을의 긱산족과 더불어 살아가게 된 것이다.

　하나님은 단 한 번도 침묵하지 않으셨다. 내 곁에서 늘 당신의 일
을 하셨다. 당신의 일만 하신 게 아니라 내 실수를 들어 쓰셨고, 내
계획보다 더 값진 결과를 내게 보여주셨다.

원주민의, 원주민에 의한, 원주민을 위한

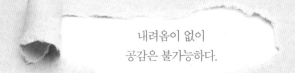

내려옴이 없이
공감은 불가능하다.

더불어 살아가기

처음 단기선교로 캐나다 원주민 마을을 찾아온 이후 하나님으로부터 소명을 확인하고 6개월 동안 원주민 마을을 네 번 방문했다. 네 번째 방문의 목적은 원주민들을 상대로 비즈니스 세미나를 열어 관심을 갖게 하는 동시에 의욕 있는 사람들을 발굴하여 송이버섯을 채집하고 판매하는 회사를 설립하기 위함이었다. 그렇게 세미나를 준비하면서 동시에 원주민 지도자들을 우리 집으로 초대해 시간을 보내며 앞으로 진행할 비즈니스에 대해 이야기도 나누었다.

그런데 원주민 지도자들과 함께 세미나를 위해 원주민 마을 근처에 있는 공항에 도착할 즈음 다음 날로 예정된 비즈니스 세미나를 취소하겠다는 연락이 왔다. 세미나를 열기로 한 마을에 장례식이 있어 많은 사람들이 장례를 준비해야 하니 부득이하게 세미나를 취소하겠다는 것이다. 하나님께서 무슨 이유로 이리 하실까 생각하면서 비즈니스 세미나를 어떻게 하면 좋을지를 두고 그 마을 지도자인 토니와 상의했다. 토니는 장례식이 이웃 마을인 기트왕가(Kitwanga)에서 진행되고 있으니 자기가 살고 있는 기탄야우의 초등학교에서 비즈니스 세미나를 개최할 수 있겠다고 제안했다. 불행 중 다행이었다. 하지만 이틀간 눈이 펑펑 내렸고, 눈이 그치자 온도는 영하 24도로 떨어졌다. 그로 인해 3일 동안의 세미나는 처음 기대에 못 미쳤다. 하지만 기대하지 않았던 것을 얻게 되었다. 그 중 가장 인상적이었던 것은 세 번의 장례 행사에 참석하면서 그들의 장례 문화를 경험하게 된 것이다. 장례 문화는 그들을 이해하는 데 큰 도움이 되었다.

원주민들의 문화 속으로 들어가다

캐나다 원주민 마을은 모계사회로서 어머니의 족보를 이어간다. 한 사람이 죽으면 그의 이름은 씨족들의 모임에서 결정해 다음 사람에게 넘어가게 된다. 그 이름을 물려받으려면 존경 받을 만한 일을 해야 한다. 또 한 가지 인상적인 장면은 장례식장에서는 원주민 부부가 함께 앉지 않는다는 것이다. 원주민들은 같은 씨족끼리 결혼이 금지되어 있다. 그런데 장례식장에서는 각각 자신의 씨족끼리 모여 앉게 된다. 그러니 부부가 함께 앉아 장례식에 참여할 수 없는 것이다. 방문객을 위한 자리도 따로 마련되어 있어서 나는 방문객 자리에 앉아 장례식에 참석할 수 있었다.

행사의 마지막에는 준비된 음식을 나누어 주었다. 먹고 싶지 않다고 해서 거절할 수 없는 분위기였다. 주는 대로 받아먹어야지, 거절하면 예의에 어긋난다고 했다. 그런데 스프 한 그릇을 맛있게 다 먹고 나니 한 그릇을 더 채워 주는 게 아닌가! 그래서 장례식에 참석한 사람들은 대부분 먹고 남은 음식을 집으로 싸 가지고 간다. 항상 자기가 먹을 수 있는 양의 두세 배의 음식이 나오기 때문에 음식을 가지고 갈 가방도 미리 준비해 와야 한다.

장례식의 마지막에는 형편에 따라 각각 기부를 하는데, 어린아이를 비롯하여 대부분이 줄을 서서 앞으로 나와 부조금을 내고 사회자는 누가 얼마를 냈는지 모든 사람들에게 알린다. 이 부조금은 장례에 들어가는 모든 비용을 대고도 남는다고 한다. 죽음으로 인하여 자식들에게 조금의 부담도 주지 않겠다는 뜻이 담겨 있다.

사회자가 각 마을이나 단체를 부르면 앞으로 나와서 그 중 몇몇이 돌아가신 분을 회고하는 시간을 갖게 되는데, 시간이 오래 걸리다 보니 졸음이 몰려왔다. 앉아서 조용히 졸고 있는데 갑자기 "모리스타운에서 오신 손님(guest from Moricetown)"이라는 사회자의 호명 소리가 들렸다. 그 전에는 원주민 언어로 말하다가 갑자기 영어로 '모리스타운'을 부르는데, 미국에서 내가 살고 있는 곳 바로 옆 동네가 모리스타운(Morristown)이라 혼동이 된 나는 깜짝 놀라서 일어나 앞으로 나갔다. 그런데 분위기가 좀 이상했다. 앞쪽에 앉아 있던 토니가 자기 옆으로 오라고 손짓을 했다. 알고 보니 사회자가 나를 부른 것이 아니라 인근에 있는 모리스타운이라는 동네에서 온 손님을 부른 것이었다. 조금 후 토니는 내가 뉴욕에서 왔으며 모리스타운이 옆 동네에 있어서 혼동을 했노라고 설명해 모든 사람들이 한바탕 크게 웃었다. 그 실수로 인해 500명쯤 되는 원주민들에게 나를 소개할 수 있는 계기가 되었다.

우리의 시각에서 볼 때 장례식을 치르는 그 많은 시간이 낭비로 비쳐질 수 있겠지만, 원주민들의 환경에서는 서로 돕고 대접하는 독특하고 좋은 문화가 있음을 알 수 있다. 장례식에 참석한 경험을 통해서 나도 그들을 이해하고 그들도 나를 신뢰할 수 있는 계기가 마련되었다. 이렇게 서로를 이해하는 가운데 원주민 회사 긱섬이 출발하게 되었다. 비즈니스에 대한 교육보다 그들의 문화 속으로 들어가 더불어 살아가는 것이 무엇보다 중요하다는 것을 깊이 새기는 순간이었다.

그들의 이야기가 내 이야기가 될 때

두 원주민 형제가 차가버섯을 채취하러 갔다가 실종되었다. 다행히 밤 11시쯤 경찰이 산속에서 그들을 발견해 내서 무사히 돌아올 수 있었다. 다른 채취 작업이 그러하듯 채취 작업에서 일어나는 일은 우리 회사에서 책임지지 않는다. 회사가 고용한 사람이 아니기 때문이다. 우리는 채취된 것을 가져오면 무게를 달아 매입하면 된다. 하지만 이런 일이 일어날 때마다 그들이 얼마나 위험하고 힘든 일을 하는지 실감하게 된다. 그래서 긱섬은 다른 바이어에 비해 가능한 좋은 조건으로 매입하고 있다. 지금 가격의 절반만 주어도 필요한 물량을 충분히 살 수 있다. 하지만 이런 위험을 감수하고 채취한다는 걸 알면 그렇게 할 수 없다. 그래서 가능하다면 조금이라도 더 주고 싶은 마음이 생긴다.

만약 내가 현지인 매니저를 고용하고 멀리서 편하게 살면서 돈만 보내 주면 그런 마음이 생길까? 아니다. 절대로 아니다. 그들의 이야기가 나의 이야기가 되기 위해서는 내가 내려가야 한다. 그리고 그들의 일을 경험해야 한다. 사장도 비정규직 사원의 업무를 해 봐야 한다. 그러면 그들의 일이 얼마나 중요한지 알게 될 것이다. 공감을 위해서는 내려옴이 반드시 필요하다. 나와 함께 동역할 선교사는 반드시 원주민들의 일을 함께 해야 한다. 차가버섯을 따고 고사리를 꺾는 노동을 해야 한다. 그럴 때 비로소 그들의 이야기가 나의 이야기가 된다.

할 수 있다는 자신감

원주민 형제 세 명이 고사리를 꺾으러 갈 때 세 명이 합쳐서 900파운드를 수확해 오면 가격을 20퍼센트 더 쳐준다고 했다. 지금까지는 한 사람이 평균 150~200파운드 정도였고, 세 명이 가도 500파운드를 넘지 못했다. 내가 세운 기록이 하루 300파운드인데, 땀이 비처럼 쏟아질 정도로 열심히 8시간 이상 일해서

원주민 형제들은
3일 후 드디어 나의 기록을 깨트렸다.

세운 기록이다. 300파운드는 쉬운 목표가 아니다. 그런데 세 명이 총 822파운드 꺾었단다. 한 명당 274파운드씩 꺾은 것이다. 원주민으로서는 최고 기록이다.

원주민 형제들은 목표를 이루지 못한 것을 많이 아쉬워했다. 바로 이 아쉬움이 중요하다. 이것이 발전의 원동력이다. 새로운 기록을 세웠기에 10퍼센트를 더 주기로 했다. 그들도 스스로 놀라고 있다. 언젠가 그들이 새로운 기록을 세운 후 나에게 도전해 보라고 으스댈 날이 오지 않을까 기대했다. 그리고 그 기대는 곧 결과로 돌아왔다. 원주민 형제들은 3일 후 드디어 나의 기록을 깨트렸다. 세 명이 아침 5시 30분에 출발해 저녁 6시경에 돌아왔는데, 그들의 차에는 총 960파운드의 고사리가 있었다. 일인당 320파운드를 꺾은 것이다. 그들도 할 수 있다는 자신감을 심어 주기에 충분했다.

호의가 이용될 때

긱섬에서 건조하는 자연산 송이버섯은 두 가지 등급이 있다. 특등품은 송이버섯 중 1~3등급을 말린 것이고, 일반품은 송이버섯의 갓이 펴진 4~5등급을 말린 것이다. 특등품은 비즈니스에 적합하지 않다. 그러나 가격 폭락을 막기 위해서는 꼭 필요한 상품이다.

한 원주민 형제가 긱섬에서는 4~5등급을 주로 사는 것을 알고 산에서 송이를 채취하지 않고 다른 바이어가 버린 송이를 주워서 몇 번 긱섬에 가져왔다. 그런데 그 형제가 가져온 송이를 처리하는 과정에서 문제가 발견되었다. 여러모로 살펴본 결과, 분명히 자기가 딴 것은 아니었다. 괘씸한 생각이 들었다. 그 형제에게 매입한 것을 처리하는 과정에서 거의 절반 이상을 버려야만 했던 것은 물론이고 처리하는 시간도 엄청나게 많이 들었다. 다시 송이를 가져온 형제를 불러 심하게 꾸짖었다. 그리고 20달러를 주면서 다시는 이런 상품을 가지고 오지 말라고 했다. 그 형제는 하루 전날 기름값이 필요하다고 해서 선불로 20달러를 주었는데, 그 돈도 안 받겠다고 했다.

나의 호의가 이용될 때에는 정말 참기 힘들다. 한편으로 생각해 보면 연민이 느껴진다. 눈감아 주고 싶지만 그러면 상품이 엉망이 된다. 비즈니스 선교는 참 쉽지 않다.

선교의 기대치

선교에서 가장 중요한 것은 전도 대상자와 신뢰 관계를 맺는 것이다. 신뢰 관계가 형성되어 있지 않는데 선교가 제대로 이루어질까? 그렇다면 신뢰 관계를 맺는데 얼마나 걸릴까? 보통 한 사람을 신뢰하기까지 몇 년이 걸릴까? 최소한 5년은 걸리지 않나? 우리가 5년 걸리는 일을 선교사들이 일 년 만에 할 수 있을까? 언어를 배워서 겨우 소통하는 데에도 최소한 2년은 걸린다. 우리가 못하는 일을 선교사에게 기대하지 말아야 한다.

선교는 성육신하는 일이다. 가르치는 것이 아니라 이해하는 것이다. 내가 원주민 마을에서 회사를 시작한 지 6년이 지나서야 뼈저리게 깨달은 것이 있다. 내가 원주민들을 잘 모른다는 것이다. 나는 그들에게 한 수 가르쳐 주려고 했다. 하지만 6년 후 깨달은 것은 가르치기 전에 한 수 배우는 것이 더 중요하다는 것이다.

선교사가 선교를 제대로 하기 위해서는 편한 마음이 필요하다. 그래서 한 번 후원하기로 결정했다면 계속해서 후원해야 한다. 10년 동안 아무 결과가 없다 해도 후원은 지속되어야 한다. 다그친다고 해서 선교가 더 잘 될 리가 없다. 오히려 다그치면 정직하지 않게 될 수 있다. 그러므로 선교사에 대한 후원을 결정할 때는 매우 신중해야 한다. 10년 동안 열매가 보이지 않는다 해도 후회 없이 계속 후원할 생각이라면 말이다. 예수님도 이 땅에 선교사로 오셨다. 하나님 나라의 복음을 이 세상에 전파하려고 오신 선교사였다. 그분은 3년 동안 선교하셨는데, 그것을 위해 30년 동안 이 땅에서 준비하며 사셨다. 어쩌면 30년의 삶이 없이는 3년의 선교도 없다는 것 아닐까?

한국 선교의 어려움 중 하나는 공격성이다. 상대방을 생각하지 않고 내가 원하는 방식으로 강요한다. 그들이 상처를 입어도 세례를 주고 개종시키면 그만이라고 생각한다. 하지만 이렇게 해서 얻어진 결과는 어느 한순간 물거품처럼 사라진다. 그러면 왜 이렇게 공격적일까? 바로 조급함 때문이다. 이 공격성 때문에 캐나다 원주민들은 그들의 언어와 문화를 잃어버리도록 강요당했다. 그들에게 복음을 전하기 어려운 이유가 바로 여기에 있다. 캐나다 원주민은 미전도 종족이 아니다. 오(誤)전도 종족이다. 즉 복음이 잘못 전파된 곳이다. 미전도 종족에게 복음을 전하는 것이 어려울까? 아니면 복음이 잘못 전파된 오전도 종족에게 복음을 전파하는 것이 어려울까? 한 번 마음의 문을 닫은 사람은 쉽게 다시 열지 않는다. 조급함을 버리고 선교의 기대치를 낮추어야 한다. 아니면 선교의 기대치가 잘못 설정된 것이 아닌지 진지하게 점검해 봐야 한다.

무엇을 어떻게 도와야 할까?

캐나다 원주민들과 더불어 살아가면서 고민이 더욱 깊어졌다. 그 고민만큼 해야 할 일도 많이 생겨났다. 이미 시작한 일도 있지만 말 그대로 시작일 뿐이다. 다만 지금 내가 하는 일과 고민들이 그들에게 꼭 필요한 도움이 되길 간절히 바랄 뿐이다.

새마을 운동이 가능할까?

70년대 우리나라의 '새마을 운동'은 잘살아 보세 운동이었다. 새마을 운동의 저변에는 보릿고개라는 '굶주림'이 있었다. 한때 나도 이 운동을 캐나다 원주민들에게 도입해 보면 어떨까 생각했었다. 물론 한국에서 성공했다고 해서 캐나다에서도 성공한다는 보장은 없다. 원주민들에게는 보릿고개도 없고 굶주림도 없다. 한국의 새마을 운동은 보릿고개가 힘의 원천이었지만, 캐나다는 사정이 달랐다. 캐나다 정부에서 원주민들에게 무상으로 주는 돈이 그 힘의 원천을 빼앗아 버렸기 때문이다.

저축은 잘사는 정도를 보여주는 지표다. 저축을 해야 집도 사고 자녀도 학교에 보낸다. 그런데 원주민들은 저축에 대한 개념이 거의 없다. 집을 사야 할 이유도 없다. 집은 원주민 자치 단체에서 임대해 주기 때문이다. 게다가 학교는 고등학교 교육까지 무상이다. 이들은 그저 하루 벌어 하루를 살아간다. 은행 구좌에 5천 달러 이상 있는 사람이 몇 퍼센트나 되겠는가? 이들과 함께 살아가면서 확신하게 된 것은 한국에서 성공한 새마을 운동이 캐나다 원주민들에게 성공할 확률은 거의 없다는 것이다.

소유욕이 전혀 없다면

캐나다 원주민들의 소유에 대한 문제는 꽤 골이 깊다. 원주민 대부분은 보호구역 내에서 집을 소유하지 않고 임대해서 살고 있다. 물론 원주민끼리 사고 팔 수 있다. 그러나 땅은 살 수 없고 건물만 살 수 있으므로 완벽히 소유할 순 없는 것이다. 또 원주민이 아닌 외부인들에게 집이나 땅을 팔 수 없으므로 부동산 시장

원주민 대부분은 보호구역 내에서 집을 소유하지 않고
임대해서 살고 있다.

이 제대로 형성되어 있지도 않다. 이런 이유로 자기 소유의 집이 아니기 때문에 집 관리도 제대로 하지 않는다. 집에 문제가 생기면 보호구역에서 정부 역할을 대신하는 밴드에서 수리해 준다. 당연히 집 관리가 엉망이다. 집 관리가 엉망이니 내부도 엉망이고, 내부가 엉망이면 집 주위도 엉망이게 마련이다. 원주민 중에서도 보호구역 내에 집을 소유한 사람들이 있다. 그런데 임대를 꺼려한다. 집이 엉망이 되기 때문이다. 어떤 이들은 원주민들의 집이 엉망인 것을 보고 불쌍히 여겨 수리해 주려고 달려든다. 하지만 집을 수리해 주어도 결국 헛수고일 뿐이다. 채 몇 달이 지나지 않아 다시 엉망이 되기 때문이다.

내가 산 집은 원주민 보호구역 밖에 있다. 이곳은 11월부터 겨울철이다. 겨울에는 집이 비어 있어 한 원주민 형제에게 임대료 없이 무료로 빌려줬다. 단 전기 사용료와 난방비는 직접 지불하라고 했다. 그리고 얼마 후 집을 방문해 보니 제법 많은 문제점이 발견되었다. 방안의 온도가 생각보다 높았고, 나무를 때는 것이 가장 저렴한데도 전기 히터를 계속 켜고 있었다. 간단히 계산해 봐도 한 달에 6백 달러 가량 들어갔다. 소유를 해본 경험이 없기 때문에 비용에 대한 개념도 없는 것이다. 소유가 없으니 저축도 없고 돈이 생기는 즉시 대부분 바로 써 버린다. 조금 이상하게 들릴지 모르겠지만, 원주민들에게 필요한 것은 장기적인 것을 소유하고자 하는 욕망이다. 지나친 소유욕은 해를 끼치지만 소유욕이 전혀 없다면 무기력한 삶을 살아가게 된다. 그래서 나는 긱섬의 소유권을 원주민 직원들에게 이양하기로 결심했다. 소유권이 있어야 문제의 해결이 시작되리라 믿기 때문이다. 다만 무료로 주지는 않을 것이다. 땀의 결과로 얻어야만 한다.

일하려는 욕망을 빼앗기다

캐나다 국민은 국가로부터 18세까지 자녀양육수당을 지급받는다. 그런데 그 금액이 상당하다. 2017년 기준으로 18세 이하의 자녀가 4명일 경우 거의 매달 1,200달러까지 받을 수 있다. 자녀양육수당은 각 주마다 조금씩 다르기는 하지만 크게 차이는 없다. 그리고 소득이 증가하면 자녀양육수당이 줄어든다. 예를 들어서 소득이 연 5만 달러가 되면 수당은 거의 반으로 줄어든다. 연소득 8만 달러인 일반 캐나다인 기준으로 자녀당 월 100달러의 양육수당을 보조 받는데 비해 직업이 없는 원주민의 경우 자녀당 월 300달러를 받는 셈이다. 그러므로 원주민들의 자녀양육수당 의존도는 매우 높다. 어찌 보면 자녀가 수입원이 되는 셈이다. 결혼 전, 특히 어린 십대들이 부모가 되어 아이가 태어나고 양육되는 이유 중 하나가 바로 자녀양육수당 때문이다.

우리 회사 매니저는 이전에 대도시에서 직장생활을 했다. 그리고 월급도 제법 많이 벌었다고 한다. 하지만 월급 인상에 따른 자녀양육수당 감소를 고려해 보니 별로 차이가 없어서 다시 원주민 마을로 돌아왔다고 한다. 좋은 취지로 시행된 자녀양육수당 제도가 오히려 많은 성폭력 문제를 일으키고 원주민들로 하여금 일하려는 욕망을 빼앗아 가는 것은 아닌지 우려스럽다.

쉽게 포기하는 이유

원주민들의 문제 중 하나가 '쉽게 포기하는 것'이다.

첫째, 학교를 포기한다. 고등학교 중퇴율이 50퍼센트를 넘는다. 왜 중퇴할까? 공부할 이유를 찾지 못했기 때문이다. 어차피 보호구역에서 살면 가질 수 있는 직업도 별로 없고 직업이 없다 보니 공부한 사람이나 공부하지 않은 사람이나 별반 차이를 느끼지 못하기 때문이다. 설령 대학에 들어간다 해도 어렵다고 느껴지면 쉽게 포기해 버린다. 한 학생은 대학을 가고 싶으니 내게 학비를 보조해 달라고 했다. 그래서 학비를 대주었더니 한 학기도 마치기 전에 포기하는 것이 아닌가?

둘째, 직장을 포기한다. 특히 대도시로 갔다가 적응하지 못하고 다시 보호구역으로 되돌아오는 비율이 높다. 보호구역을 떠날 때는 보다 나은 삶을 기대하고 떠나지만 대도시에서 삶의 어려움을 경험하게 되면 바로 되돌아온다. 그들 대부분은 패자가 되어 돌아온다. 사실 이민자들도 원주민들과 같은 상황에서 시작한다. 하지만 이민자들에게는 돌아갈 곳이 없다. 그래서 악착같이 살아남으려고 애쓴다. 반면 원주민들에게는 너무 쉽게 돌아갈 곳이 있다는 게 문제다. 보호구역으로 돌아오기만 하면 마을을 떠남으로 해서 끊겼던 혜택이 다시 돌아오기 때문이다.

원주민들에게 필요한 것은 배수의 진을 치는 일이다. 배수의 진을 치는 이유는 집중하기 위해서다. 집중하면 행복해지고, 행복해지면 현재의 각종 중독에서 해방될 수 있다. 원주민들에게 중요한 것은 보호구역에서 행복하게 살든지, 아니면 보호구역 밖에서 적응하며 사는 것이다. 이들은 이민자들보다 훨씬 좋은 조건을 가지고 있다. 일단 언어 소통에는 문제가 없다. 하지만 이민자들과 달리 조금이라도 힘들고 어려우면 쉽게 포기하고 보호구역으로 되돌아온다는 것이다. 보호구역이 보호를 위한 곳이 되어야지, 도피를 위한 곳이 되어서는 안 된다.

성과 측정의 힘

그동안 원주민들과 관계를 맺어 오면서 크게 느낀 것이 책임 감의 결여다. 이야기를 하다 보면 금방 문제가 해결될 것처럼 느껴지다가도 너무 쉽게 일에 대한 책임을 회피한다. 시간도 제대로 지키지 않는다. 한때 우리에게 있었던 '코리언 타임'이 그들에게도 있다. 그들은 '인디언 타임'이라고 부른다. 약속 시간보다 30분 정도 늦게 시작하는 것은 보통이다. 책임감의 결여는 집중력의 부족에서 기인한다고 볼 수 있다. 또 그 일을 왜 해야 하고 그 일을 하지 않으면 어떤 결과가 일어나는지에 대한 인식 부족도 한몫을 한다. 그 일을 하지 않아도 자신에게 별로 피해가 없다고 생각하기 때문에 안일한 태도를 가지게 되는 것이다.

그래서 원주민들에게 어떤 목표를 정하고 그것을 이루지 못하면 어떤 결과가 일어나는지 분명하게 알릴 필요가 있다. 그것을 통해 잘하는 사람과 그렇지 못한 사람의 차이를 느낄 수 있게 해주어야 한다. 또한 성과에 관계없이 같은 급여를 받는 것도 문제가 있다는 것을 발견했다. 그래서 송이를 처리하는 과정에서 성과를 고려해 일을 시켰더니 그 전보다 거의 50퍼센트 이상 능률이 오르는 것을 확인할 수 있었다.

스스로 일어나도록 도울 것이다

원주민들과 지내면서 이런 문제들에 부딪힐 때마다 그들과 함께 어떻게 살아가야 할지 많은 고민을 하게 된다. 그리고 내 어린 시절 어려운 환경 가운데 하나님을 만나고 변화된 삶과 지금 이곳 원주민 마을에서 일하고 있는 내 삶을 함께 돌아보게 된다. 내가 이곳에 온 이유가 분명히 있을 것이라고 믿는다. 그래서 그들이 스스로 일어나 자신의 삶을 개척해 나갈 수 있도록 최선을 다해 도울 것이다. 이렇게 돌을 골라내고 밭을 다 갈고 나면 하나님께서 이곳에 선교의 열매를 맺으실 것이라 확신한다.

비전 트립

원주민들과 관계를 맺기 위해 시작한 것이 비전 트립이다. 그곳에 살고 있는 청소년이나 성인 가운데 가능성이 있는 사람들을 선발하여 무료로 뉴욕 비전 트립을 시켜 주는 것이다. 1인당 2천 달러 이상 비용이 들기 때문에 원하는 사람을 다 선발할 수 없었다. 선발을 위해 사용한 방법이 페이스북을 통한 성경 큐티다. 원주민 대부분은 페이스북을 일상생활 속에서 통신 수단처럼 사용한다. 나는 매일 아침이면 그날 묵상할 말씀을 페이스북 그룹에 올려 놓는다. 그러면 그 말씀을 묵상한 사람은 자기가 좋아하는 성경 구절을 선택하여 답글을 단다. 매번 1점씩 획득하게 되고 총 누적점수가 300점이면 비전 트립을 갈 수 있는 자격이 주어진다. 300일 동안 매일 큐티 하는 것이 절대로 쉬운 일은 아니다. 그런데 이 방법을 통해 나 자신 또한 큰 혜택을 누리고 있다. 그들 덕분에 지금까지 거의 2천 일 동안 잊지 않고 매일 큐티를 할 수 있었다. 매일 아침마다 꾸준히 지켜온 큐티가 나의 신앙을 지켜 준 것이다.

지금까지 10명 남짓한 인원이 비전 트립에 참가했다. 비전 트립을 통해 얻을 수 있는 가장 큰 성과는 나와 그들 간에 신뢰 관계의 형성이다. 함께 일주일 이상 생활하면서 서로를 알게 되고 서로에 대해 관심을 갖게 된다. 그래서 혹시나 문제가 생길 때 나의 확실한 지지자가 되어준다. 돕는 일에도 지혜가 필요하다.

큰 꿈을 꾸지 말자

캐나다 원주민들을 위한 일을 하면서 깨달은 것 중 하나가 큰 꿈을 꾸지 말아야 한다는 것이다. 하나님이 내게 원하시는 것은 내가 큰 꿈을 가지고 살아가는 것이 아니다. 하나님이 원하시는 것은 그분의 꿈을 나의 일상에서 살아가는 것이다. 그래서 내가 계획한 일이 막힌다고 해서 거기에서 멈추지 말아야 한다. 내가 계획하지 않았던 새로운 길을 하나님께서 보여 주시면 그 길로 가면 된다. 하나님이 함께하시면 꽉 막힌 벽 앞일지라도 그것이 끝이 아니라 새로운 시작이 될 수 있기 때문이다.

하나님은 나의 실수까지도 사용하셨다. 분명이 나의 실수였는데 새로운 시작이 되게 하셨다. 하나님은 다윗의 실수를 사용하셨다. 밧세바 사건은 다윗의 엄청난 실수였음에도 불구하고 그것이 새로운 시작이 되게 하셨다. 어찌 보면 그 실수 때문에 다윗은 교만하지 않을 수 있었고 연약한 사람을 이해할 수 있었던 것이다.

우리의 인생은 갈 곳을 알지 못하고 떠나는 길과 같다. 아브라함이 하란을 떠날 때 그는 갈 곳을 정확히 알지 못하고 떠났다.

믿음으로 아브라함은 부르심을 받았을 때에 순종하여 장래의 유업으로 받을 땅에 나아갈새 갈 바를 알지 못하고 나아갔으며 (히브리서 11:8)

방향성이 없다는 말이 아니다. 정확히 어디로 가야 할지 몰랐지만 왜 떠나는지는 알고 있었다. 하나님이 아브라함을 떠나게 하신 것은 그가 모든 사람의 복의 근원이 되게 하기 위해서였다.

원주민들과 더불어 살고 그들을 이해하고 그들을 위해 사는 삶, 큰 꿈은 아닐지라도 하나님의 꿈을 내 일상에서 살아가고 있다고 믿는다. 그리고 그 일상 가운데 내가 할 수 있는 최선을 다할 뿐이다.

감사한 삶

사람들은 의도를 숨기고 친절을 베풀 때가 있다. 무언가 숨은 속셈이 있는 것이다. 그런데 나도 늘 원주민들에게 친절을 베풀기 위해 애쓴다. 아마도 그들은 내게 숨은 속셈이 있다고 생각할 것이다.

처음 단기선교로 원주민 마을을 방문했을 때 토니 추장은 내게 송이버섯 가격 폭락을 막아달라고 요청했다. 그때는 비즈니스 선교에 대해 관심도 없었다. 그저 비즈니스를 통해 그들을 돕고 싶었다. 그 후에야 비즈니스를 통한 선교에 관심을 갖게 되었는데, 신학교 이사라는 자리의 영향도 있지만 물건을 팔아야 하기에 자연스레 비즈니스 선교에 무게를 둘 수밖에 없었다.

처음 생각은 그랬다.

'속셈 없이 비즈니스만 잘하자. 나는 선교사가 아니니 선교는 선교사에게 맡기자. 나는 비즈니스맨이기에 좋은 물건을 만들어 적절한 가격에 판매해서 구매자에게 도움이 되고 원주민들에게도 도움이 되는 회사 만들어 원주민들에게 주면 된다.'

그런데 선교사와 비즈니스맨이 동역할 수 있을까? 힘든 일이다. 다른 사람들도 그런 사역을 본 적이 없다고 한다. 만약 이것이 가능하려면 둘 다 내 것으로 만들 생각만 하지 않으면 된다. 언젠가 둘 다 떠난다고 생각하면서 일하면 가능하지 않을까? 계속 남아서 대접받을 생각이나 가나안 땅에 들어갈 생각을 하지 말고 광야에서 모세처럼 죽으면 될 것이다.

원주민 마을에 들어와 그들을 이해한다고 생각했지만, 6년째 되던 어느 날 원주민들을 전혀 이해하지 못한다는 생각에 충격을 받기도 했다. 그러나 그 모든 일이 감사할 뿐이다. 원주민들과 보낸 지난 시간을 되돌아보면 진심으로 감사할 따름이다.

힘 있는 단어, 미안해

한 원주민 형제와 페이스북에서 다툼이 있었다. 도와 달라는 부탁을 들어 주지 않았기 때문이다. 자기의 요청이 받아들여지지 않자 그 형제는 나를 공격하기 시작했다. 자기가 나에게 돈을 벌게 해 주었는데, 왜 자기를 도와주지 않느냐는 것이었다. 내가 그 형제에게 차가버섯을 사서 10배의 이익을 남긴다는 터무니없는 말을 하기도 했다. 속이 상한 나는 페이스북에 자세한 내용을 올렸다. 물론 그의 이름은 밝히지 않았다. 실제로는 10배가 아니라 건조 비용을 비롯한 기타 비용을 포함하면 매출액의 20퍼센트 정도만 남긴다고 상세히 설명했다. 그러면서 앞으로 누구든지 나에게 불평을 하려면 먼저 상세한 내용을 확인하고 불평하라고 했다. 그랬더니 그 형제가 내 글에 답글로 욕을 남겼다. 나는 더 이상 댓글로 논쟁하고 싶지 않았다. 그의 댓글에 더 이상 논쟁하지 말자고 하면서 그것이 너에게 도움이 되지 않기 때문이라고 냉정하게 잘라 말했다.

하지만 마음 한구석이 몹시 불편했다. 그래서 그 형제에게 페이스북 메시지를 보냈다.

미안해. 페이스북에 너에 관한 글을 남겨서…. 몇 마디 말 때문에 관계가 나빠진 것 같군. 너는 열심히 일하는 좋은 사람이야.

그것이 내가 너를 도와준 이유지. 그러나 어느 순간 내가 너를 도와주는 것에 대해 네가 고맙게 생각하지 않는 것 같은 기분이 들었어. 네가 나의 비즈니스에 도움을 준 것은 사실이야. 그런데 다른 사람들도 그랬지. 나는 열심히 일하려고 하는 사람들에게 일거리를 통해 도와주려고 했어. 그런데 다른 사람들은 너처럼 나를 도와주었다는 말은 하지 않았어. 내가 차가버섯으로 폭리를 취한 것처럼 말했을 때 가슴이 아팠어. 앞으로 너와의 관계가 회복되기를 바랄게. 다시 한 번 페이스북에서 너를 공격한 것 미안해.

내 메시지에 대해 그 형제가 답했다.

나는 지금 매우 어려운 시간을 보내고 있어. 나는 이 마을에서만 20년을 살았어. 내 자식들 때문에 떠나지도 못해. 그 누구도 내가 어려울 때 도와주지 않아. 나도 다른 사람들에게 도움을 청하는 게 싫어. 이렇게 일이 번지게 된 건 나도 싫어. 내가 너를 존경하지 않으려는 의도는 없었어. 나는 너를 그전에도 그랬듯이 존경해. 내가 너에게 욕한 것 정말 미안해. 나를 도와준 사람

은 너뿐이었어. 그 사실을 인식하지 못했어. 따뜻한 마음을 품어
줘서 고마워.

나는 그의 진심을 받았고, 그에게 대답했다.

너는 좋은 사람이야. 나는 쉬운 사람은 아니거든. 나는 비즈니스
맨이잖아. 그런데 나는 다른 비즈니스맨들과는 달라. 나는 너처
럼 열심히 일하려는 사람들을 도와주기 위해 일해. 그런데 다른
사람들을 도와준다는 게 어려운 일이라는 걸 알게 되었어. 또한
잘못 도와주면 의존도만 높이게 되어 장기적으로 전혀 도움이
되지 않는다는 것도 알게 되었어. 나는 네가 나에게 정직했으면
좋겠어. 하나님에게도…. 나는 네 옆에 있을 거야.

그 또한 내 진심을 이해해 주었다.

이해해 줘서 정말 고마워. 하나님이 너를 축복해 주시길 바랄게.
나도 정직하게 돈 벌기를 원해. 하나님이 나를 보고 있고 나의
길을 인도하시는 것 알아. 아멘.

대화를 끝내고 다시 마음을 다잡았다. 내가 이곳에 온 이유가 무엇인지, 도움을 줄 때 어떻게 해야 할지, 원주민들과 어떻게 대화해야 할지….

미안하다는 말은 잘못했다는 말이 아니다. 내가 너의 입장에서 너를 이해하지 못해 미안하다는 말이다. 이 '미안해'는 엄청나게 힘 있는 단어이다.

목표가 있다는 것

결혼한다고 해서 2천 달러를 빌려 간 원주민 자매가 있었다. 나는 그 자매가 고사리 철에 일하면서 대부분의 빚을 갚을 것으로 생각했다. 하지만 2년이 지나도 5백 달러만 갚고 연락이 없었다. 당연히 못 받을 것이라 생각했고 기억에서 잊어버렸다. 그런데 2년 만에 연락이 온 것이다. 남편이 아직 일거리가 없어 돈을 갚을 방법이 없어 미안하다는 이야기였다. 그리고 자기가 자살 요주의 인물로 지명되어 있다고 했다. 앞으로 어찌해야 좋을지 모르겠다고 했다.

그래서 어떤 일이 있어도 자살은 하면 안 된다고 말하고 빚을 갚을 방법을 제안했다. 고사리 철이 오면 다시 일을 시작하자는 것과 3년 전에 시작해서 지금까지 하고 있는 페이스북 성경 읽기에 다시 들어와 매일 성경 읽기를 할 때마다 1달러씩 벌 수 있도록 해주겠다고 했다. 그러면 부부가 1년 동안 거의 700달러를 벌 수 있을 것이라고 귀띔을 해 주었다. 원주민 자매는 밝은 목소리로 바로 시작하겠다고 약속했다.

목표가 있다는 것은 대단히 중요하다. 돈 빌려주고 돈 잃고 사람 잃는 것보다 성경을 읽게 하고 사람을 잃어버리지 않으면 그것으로도 충분하다. 그래도 돈 갚으려고 생각하는 것만으로도 고맙다. 그리고 훌륭하게 살지 않는다 해도 자살하지 않고 살아주는 것만으로도 감사하다.

좀 더 친절했더라면

고사리 철에 일하던 한 원주민 형제가 자살했다. 그의 여자 친구로부터 "너는 절대로 좋은 아빠가 될 수 없어"라는 말을 듣고 자기는 아무런 가치가 없는 사람이라고 생각하고 자살했단다. 나를 더욱 힘들게 하는 것은 자살하기 며칠 전 그가 나에게 50달러를 빌려 달라고 했다는 사실이다. 송이버섯 철에 갚겠다고 하면서 아들에게 기저귀를 사 주어야 한다고 했다. 하지만 나는 그의 부탁을 거절했다.

'내가 조금이라도 더 친절했더라면…. 모르겠다. 무엇이 바른 방법인지….'

도와주어야 하나, 아니면 도와주지 말아야 하나? 선별적으로 도와주어야 한다면 그 기준은 무엇인가? 나름대로 기준을 세워 도와주고 있었는데, 한 형제의 자살 사건을 직면하면서 혼동이 된다. 확실한 것은 도와주어야 한다는 것이다. 하나님의 명령이고 우리를 창조하신 이유이기 때문이다. 그러나 잘못 도와주면 오히려 해를 끼칠 수 있다. 장기적인 안목에서 도와주어야 한다. 다시금 깨닫게 되지만 도와준다는 것은 참으로 어렵다. 게다가 쉽게 일방적으로 판단할 수도 없는 일이다. 그래서 도움을 주기 전 진심어린 기도가 필요하다.

같은 군중, 다른 반응

예수님께 호산나를 외치던 군중과 예수님을 십자가에 못 박으라고 외친 군중은 다른 군중이 아니었다. 같은 군중이었다. 한때 중간 상인은 도둑놈들이라고 저주를 퍼붓던 사람들이 송이버섯 가격이 올라가니 연일 탄성을 지른다. 그런데 이 둘은 같은 중

원주민들과 보낸 지난 시간을 되돌아보면
진심으로 감사할 따름이다.

간 상인인데도 말이다. 중간 상인이 변한 것은 아니다. 군중의 마음이 변한 것이다. 중간 상인은 이것을 잘 안다. 그래서 그들이 저주를 퍼부을 때에도 눈 하나 깜짝이지 않는다. 이런 상황에서 공정을 논한다는 것이 무의미해 보인다. 이전에 긱섬에서 일했던 매니저가 나에게 뼈 있는 한마디를 해 주었다. 조용히 갈 길을 가라고…. 그의 말대로 조용히 내 길을 가야겠다.

오늘은 조연

추석을 맞이해 송이 가격이 폭등하더니 추석이 끝나자마자 떨어지기 시작했다. 나도 서서히 비즈니스를 할 기회가 왔다고 생각했다. 그런데 갑자기 마을의 한 바이어가 상당히 높은 가격을 주기 시작했다. 당연히 모두 그에게로 갔다. 헌데 그 바이어에게 문제가 발생했다. 송이를 사려면 송이를 담아 운반할 특별한 플라스틱 바구니가 필요한데, 동이 난 것이다. 그래서 송이 바구니를 가지고 오는 사람에게만 송이를 사겠다고 했단다.

저녁이 되자 그 바이어에게 갔던 사람들이 몰려오기 시작했다. 송이를 팔려고 오는 사람들이 아니라 송이 바구니를 사려고 오는 사람들이었다. 작년에 어떤 바이어가 송이 바구니가 없어서 송이를 못 샀다는 이야기를 듣고 태국에서 바구니를 대량으로 수입해 놓았다. 나는 송이 바구니가 필요한 사람들에게 수입 원가에 팔겠다고 했다. 사람들은 이 소문을 듣고 달려온 것이다. 오늘 나는 송이 바구니만 팔았지만 그로 인해 원주민들이 송이를 팔 수 있게 되었다.

조연도 할 만했다.

정말 고마워

"정말 고마워."

한 원주민 형제가 내게 한 말이 가슴을 울린다.

차가버섯 때문에 돈을 버는 사람이 제법 많다. 긱섬은 가능한 높은 가격을 주고 있어서 대부분의 사람들이 고마워한다는 걸 잘 알고 있다. 그 전에는 겨울에 돈 벌 기회가 거의 없었다. 그런데 겨울 차가버섯 철에 3천 달러 이상 버는 사람들이 제법 늘어났다. 약 스무 명 정도가 그 혜택을 받고 있다.

다만 감사를 마음속으로 생각하는 것과 겉으로 말로 표현하는 것은 전혀 다른 차원이다. 내 경험에 비추어 볼 때 열 명 중 한 명이 이렇게 말로 표현한다. 성경에서도 열 명의 나병환자가 예수님으로부터 치유함을 받았지만 한 명만 돌아와서 감사를 행동으로 표현했다. 문제는 내가 그 한 사람인가 하는 것이다. 하나님이 내게 주신 축복에 대해 구체적으로 감사를 표현하고 있는가 하는 것이다.

그저 '감사하다고 느끼는 것'이 아니라 '감사하다고 하나님께 말로 표현해야'겠다. 그리고 아내에게도 감사하다는 말로 표현해야겠다. 아들과 딸에게도 고맙다는 말로 표현해야겠다. 내게 얼마나 감사할 일이 많은지, 그리고 진심을 담아 표현해야 하는 이유를 한 원주민 형제가 알려 주었다. 난 참 감사한 일이 많은 사람이다.

감사의 조건들

돌아보면 감사한 일뿐이다. 내가 누려온 어떤 것도 살아온 삶에 비하면 언제나 분에 넘치는 축복이었다. 지금 캐나다 원주민 마을에서 그들과 더불어 살아가는 것도 기적이고, 이곳에서 7년간 일한 것을 나눌 수 있는 것도 기적이다. 이런 감사의 제목들을 생각하다 보면 더욱 선한 영향력을 위해 남은 일생 최선을 다해 살아야겠다고 다짐하게 된다.

나는 촌놈으로 태어났다.

내가 태어난 곳은 강원도 삼척의 산골짜기다. 산골이다 보니 자연스레 어려서부터 송이버섯을 따고 고사리도 꺾었다. 지게질도 했다. 그래서인지 이곳 원주민 마을에 와 있는 것이 힘들지 않다. 재미있다. 혼자 있는 것도 힘들지 않고 조용한 것이 좋다. 원주민 마을에 있으면서 내가 태어난 마을을 떠올릴 때마다 생각나는 기억이 있다. 내가 힘없이 태어났다는 것이다. 아버지는 산골 마을의 농부였고, 보릿고개가 무엇인지 신랄하게 경험하면서 살았다. 그래서 가난이 무엇인지 잘 알았다. 힘없는 사람이 어떤 생각을 하는지 모를 리 없다. 역설적이게도 그것이 나를 강하게 해 주었다. 사람을 의지하지 않게 만들어 주었고, 그래서 어려움도 잘 견디고 잡다한 일도 잘한다. 지금도 원주민들을 조금 이해한다고 말할 수 있는 이유는 내가 힘이 없었기 때문이다. 이런 나에게 하나님은 필요한 힘을 주셨고, 나는 그 하나님을 원주민들에게 알리고 싶을 뿐이다.

나는 보통 사람이다.

실수도 많이 하고, 화도 내고, 수도 없이 실패를 경험한 평범한 사람이다. 원주민 동네에서 몇 년 전 과속으로 운전하다가 경찰에게 걸린 것을 원주민 자매가 보고 페이스북에 올렸다. 또 한 번은 차가 눈길에 미끄러져 길가에 처박힌 것을 페이스북에 올려 유명해졌다. 일상에서도 늘 실수가 많다. 여권을 집에 두고 비행기를 탔다가 시카고에서 발견하여 다시 뉴저지 집으로 되돌아간 적이 있다. 게다가 아침에 나오면서 신발을 짝짝이로 신고 나왔다.

그런데 완벽하기를 포기하니 마음이 편해진다. 그게 원래 나 자신이기 때문이다. 그저 평범하고 보통 사람이기에 하나님이 내게 나눌 수 있는 넉넉함을 주신 것 아닐까? 넉넉함을 주신 데에는 분명한 이유가 있다. 혼자 잘 먹고 잘살라고 재물을 주시지는 않았으리라 생각한다. 그 부가 자기의 노력으로 된 것이든 운이 좋아 얻어진 것이든 하나님이 원하시는 곳에 사용되어야 한다.

하나님께 기억되는 사람

지혜자도 우매자와 함께 영원하도록 기억함을 얻지 못하나니 후일에

는 모두 다 잊어버린 지 오랠 것임이라 오호라 지혜자의 죽음이 우매

자의 죽음과 일반이로다 (전도서 2:16)

전도서는 처음부터 끝까지 인생이 허무하다고 이야기한다.

왜 그럴까?

내가 기억되기를 원하기 때문 아닐까? 내가 계속 기억되려면 살

아 있어야 하는데, 그것이 불가능하니 허무한 것 아닐까? 하지만 허

무하지 않으려면 내가 기억되기를 포기하면 된다. 그런데 하나님이

우리를 창조하신 목적이 사람들에게 기억되도록 하신 것일까? 아니

면 하나님께 기억되도록 하기 위해 창조하신 걸까?

우리는 삶을 통해 우리가 하나님의 기억에 남는 삶을 살아야 한

다. 그것이 허무해지지 않는 방법이다. 하나님께 기억되기 위해 우리

는 부자가 될 필요도 없고, 건강할 필요도 없고, 오래 살아야 할 필요
도 없다. 그저 하나님께만 기억되면 된다. 나도 남은 삶 가운데 하나
님께 기억되기 위해 더욱 최선을 다하며 행복하게 살 것이다.

2장 | 원주민의, 원주민에 의한, 원주민을 위한

3장

장사꾼인가,
선교사인가?

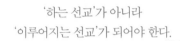

'하는 선교'가 아니라
'이루어지는 선교'가 되어야 한다.

'선교'라는 단어만 들어도 부담이 되지 않는가? 나는 솔직히 부담스러웠다. 그래서 내가 선교의 일을 하리라고는 조금도 생각해 보지 않았다. 평생 딱 두 번 단기선교를 다녀온 것이 선교와 관련된 전부였다. 한 번은 중국 연변에 갔었고, 그 다음은 캐나다 원주민 마을에 간 것이다. 그런데 두 번 모두 내게 인생의 변화를 일으켰다.

먼저 연변 단기선교를 계기로 중국에 내가 운영하던 회사의 지사를 세우게 되었는데, 200명의 직원을 고용하는 회사로 성장했다. 훗날 대기업에서 회사를 인수하려고 했을 때 중국에 있던 지사의 가치를 인정받아 좋은 가격에 매각하는 계기가 되었다.

다음으로 캐나다 원주민 마을에 갔다가 지금껏 일하고 있다. 원주민들과 함께 지내면서 이전에 부담스럽게 생각했던 선교에 대한 정의와 지금 내가 하고 있는 선교에 대한 정의에는 많은 차이가 생겼다. 전에는 전하는 것이 선교라고 생각했는데, 지금은 사는 것이 선교라고 생각하게 되었다.

마태복음 28장 18~20절에는 예수님이 승천하시기 전 제자들에게 주신 마지막 명령이 나온다.

예수께서 나아와 말씀하여 이르시되 하늘과 땅의 모든 권세를 내게 주셨으니 그러므로 너희는 가서 모든 민족을 제자로 삼아 아버지와 아들과 성령의 이름으로 세례를 베풀고 내가 너희에게 분부한 모든 것을 가르쳐 지키게 하라 볼지어다 내가 세상 끝날까지 너희와 항상 함께 있으리라 하시니라

19~20절을 보면 예수님이 제자들에게 명령하신 네 개의 동사가 나온다. 첫 번째 '가서,' 두 번째 '제자로 삼아,' 그리고 세 번째 '세례를 베풀고,' 그리고 마지막으로 '지키게 하라'라는 단어다. 지금까지 한국 교회의 선교는 이 중에서 첫 번째와 세 번

126

째에 방점을 찍었다. 그래서 많은 선교사가 선교지로 가서 복음을 전하고 결신시켜 세례를 베푸는 데 집중했다. 하지만 두 번째 명령과 네 번째 명령은 소홀했던 것이 사실이다. 즉 제자로 삼는 일과 지키게 하는 것이다. 이 두 가지는 삶의 변화로 일어나는 것이기 때문에 많은 시간을 필요로 하는 사역이다. 하지만 즉시 눈앞에 보이는 사역의 결과를 원한다면 여기에 진력하기 힘들지 않았을까? 다른 사람들, 특히 후원자들에게 보여주기 어려운 사역이었다.

비즈니스 선교는 우리가 지금까지 소홀했던 이 문제에 중점을 두는 선교이다. 비즈니스 선교에는 전제 조건이 있다. 바로 'Life As Mission,' 즉 '선교적인 삶'이다. 선교적인 삶을 살지 않는 사람은 비즈니스를 통한 선교를 할 수 없다. 선교적인 삶이란 선교하는 삶이 아니라 선교가 되도록 하는 삶을 의미하다. 그 사람의 삶을 보고 그리스도인이 되는 것을 의미한다.

나는 선교사가 아니다

대부분 사람들은 나를 선교사라고 부르지 않는다. 내가 선교사라고 부르지 말라고 했기 때문이다. 나는 신학을 전공하지 않았고 선교단체에 속하지도 않았으며, 교회에서 파송도 받지 않았기 때문이다. 그럼에도 나는 분명히 선교사이다. 왜냐하면 하나님께서 나를 캐나다 원주민들을 위하여 부르셨기 때문이다. 하나님께서 부르시지 않았다면 나는 원주민 마을에서 살 이유가 없는 사람이다.

나를 선교사라고 부르지 말아 달라고 한 데에는 몇 가지 이유가 있다.

첫 번째는 선교사라는 모자를 쓰지 않고서도 선교의 일을 할 수 있다는 것을 알려주고 싶었다. 선교는 선교사라고 불리는 사람만 하는 것이 아니다. 사람마다 타고난 독특한 재능이 있다. 그런데 그것을 극대화하지 않고 다른 사람을 흉내 내면 성공하기 어렵다. 선교도 마찬가지다. 아직도 많은 사람들은 선교를 하기 위해서는 신학을 해야 하고, 선교사가 되어야 하고, 선교단체에 속하여야 하고, 선교사라고 불려야 한다고 생각한다. 물론 그런 선교사도 필요하다. 그리고 그런 선교사가 할 일이 많다. 그런데 선교는 일반적으로 말하는 이러한 선교사만 하는 것이 아니다. 비즈니스 소질이 없는 선교사가 비즈니스를 하면 안 되듯이 일반 선교에 소질이 없는 사람, 예를 들면 나 같은 사람 또한 선교사가 될 필요가 없다고 생각한다.

두 번째는 내가 선교사라는 모자를 쓰는 순간 비즈니스를 제대로 운영하기 어려워진다는 사실을 잘 알기 때문이다. 비즈니스를 제대로 하기란 결코 쉬운 일이 아니다. 한국의 창업 성공률이 5퍼센트 내외라는 뉴스를 들었다. 그런데 비즈니스 환경이 열악한 선교지에서 비즈니스를 제대로 한다는 것은 그보다 더 어려운 일이다. 덧붙여 비즈니스만 해도 쉽지 않은데 선교사의 일까지 한다는 것은 거의 불가능하다. 비즈니스만 제대로 하는 데에도 시간이 부족하다.

세 번째는 내가 좋아하는 일을 하면서 살아가고 싶어서다. 나는 일하고 싶어서 아침이 빨리 오기를 기다리는 사람이다. 나는 일이 재미있다. 돈을 벌기 때문에 재미있는 것이 아니다. 하나님이 나를 창조하신 목적을 깨닫고 난 후 하나님의 도구로 사용되기 때문에 재미있는 것이다. 내가 좋아해서 밤낮을 가리지 않고 열심히 일해 두면 나와 같이 기쁜 마음으로 말씀을 전하고 싶어 밤낮을 가리지 않는 말씀의 사역자가 내가 갈아놓은 밭에 씨를 뿌리게 될 것이다. 우리의 삶은 우리가 좋아하는 일을 하면서 살기에도 부족하다.

기독교에 대한 선입견

지난 7년간 캐나다 원주민 마을에서 해온 일들이 꽤 알려졌다. 그로 인해 여러 나라에서 비즈니스 선교에 대한 강의를 요청받았고, 많은 선교사들과 교제할 기회가 있었다. 강의에서 질의응답을 받으며 얻게 되는 지식도 있지만, 선교지에서 직접 선교사들을 만나면서 그들의 속 깊은 이야기도 들을 수 있었다. 그 가운데 나름대로 선교에 대한 나만의 관점이 정립되었다.

내가 생각하는 선교의 시작은 선교지에서 그곳 원주민들이 기독교를 어떻게 인식하고 있는지 제대로 파악하는 것이다. 기독교에 대해 우호적인 곳과 어떤 이유에서든 선입견을 갖고 있는 곳에서의 선교는 접근 방식에서부터 분명히 달라야 한다. 만약 기독교에 대해 부정적인 선입견을 갖고 있는 지역이라면 이를 해결하는 것이 선교의 시작이 되어야 한다. 캐나다 원주민들도 기독교에 대해 선입견을 갖고 있었다. 과거 캐나다 정부는 원주민들의 문화가 미개하다는 판단을 했고, 원주민 마을의 아이들이 다섯 살이 되면 부모와 가족으로부터 강제로 떼어 놓는 정책을 실시했다. 이런 정책을 선교라는 이름으로 펼친 것이다. 그들에게 있어서 기독교는 원주민 문화를 말살한 세력과 다름없다. 이런 이해 없이 원주민들에게 다가간다면 무슨 열매가 있겠는가?

또 다른 예로 이슬람교를 믿는 무슬림들을 떠올려 보자. 그들이 갖고 있는 기독교에 대한 선입견은 무엇일까? 반대로 기독교가 갖고 있는 무슬림에 대한 선입견은 무엇인가? 다른 사람을 말할 것도 없이 나는 무슬림이 무자비한 테러를 자행할 뿐 아니라 사랑 없는 무정한 자들이라는 선입견을 갖고 있었다. 만약 그런 내게 무슬림이 자신의 종교로 개종할 것을 권하려면 자신들이 그런 사람이 아님을 보여주는 것에서부터 시작해야 한다. 마찬가지로 무슬림도 기독교에 대한 부정적인 선입견을 가지고 있다. 그 예가 십자군 전쟁이다. 십자군은 성지 탈환을 명분으로 자신들의 이익을 위해 아동과 여자를 포함한 모든 무슬림들을 죽였다. 심지어 그 곳에 살고 있는 기독교인마저 죽였다. 만약 우리가 무슬림을 개종시키려면 우리가 그런 사람이 아니라는 것을 보여주고 선입견을 불식시켜야 한다.

이제 우리의 이웃을 떠올려 보자. 매일 나와 함께 일하는 직장 동료들은 기독교인에 대해 어떤 선입견을 갖고 있을까? 내 가족과 친척들은 기독교인에 대해 어떤 선입견을 갖고 있을까? 내가 살고 있는 동네 이웃들은 기독교에 대해 어떤 선입견을 갖고 있을까? 그들이 갖고 있는 부정적인 선입견이 틀렸음을 보여주지 못한 상태에서의 선교는 구멍 난 독에 물 붓는 것과 무엇이 다르겠는가? 부정적인 선입견을 바꾸는 데는 많은 시간과 노력이 필요하다. 물론 기독교에 대해 선입견이 없는 선교지나 우호적인 선교지라면 바로 복음의 씨앗을 뿌릴 수 있다. 그러나 부정적인 선입견이 있는 곳은 돌밭의 돌을 제거하듯 부정적인 선입견을 제거해야 한다. 비즈니스는 부정적인 그들에게 우리가 어떤 사람인지 보여줄 수 있는 대단히 중요한 도구다. 땀 흘려 함께 일하면서 자연스레 삶을 나누고, 더불어 먹고 마시면서 우리를 보여줄 수 있는 소중한 기회가 될 것이다.

그들이 원하는 것

모든 선교가 어렵지만 원주민 선교도 어려운 선교 중 하나다. 그 이유는 반응이 없기 때문이다. 무반응은 핍박보다 더 어렵다. 그래서 비즈니스를 통해 마음문을 열게 해야 한다. 그러려면 먼저 선한 영향력을 행사해야 한다. 정직하고 공정하게 비즈니스 해야 한다. 비즈니스를 해서 번 돈으로 선교에 투자하는 것보다 더 중요한 것은 돈을 바르게 버는 것이다. 비즈니스 선교에서는 과정이 결과보다 훨씬 더 중요하다.

다음 단계는 그들이 원하는 것을 해 주어야 한다. 예를 들어, 지금 원주민들이 가장 원하는 것은 청소년들을 위한 프로그램이다. 시간이 많은 청소년들로 하여금 음악, 예술, 스포츠 등 그들이 관심을 가질 만한 것에 집중하게 해 주어야 나쁜 길로 가지 않기 때문이다. 그래서 복음을 전하기 전에 YMCA처럼 청소년들에게 영적·정신적 조건을 개선시키기 위한 노력이 필요하다. 그리고 이런 일에 필요한 재정은 비즈니스가 감당할 수 있다.

그 다음이 교회를 세우는 일이다. 이제 긱섬 비즈니스는 제법 안정권으로 들어섰다. 청소년 프로그램을 담당하는 원주민 형제에게 외부에서 음악, 예술, 스포츠 등을 담당할 자원봉사자를 구할 수 있겠다고 했더니 크게 기뻐했다. 우리가 원하는 방법으로 선교를 하고 다른 곳으로 떠나는 것보다 그들이 원하는 것을 해 주는 데에서 선교가 시작된다.

비즈니스 선교의 어려움

나의 비즈니스에는 두 고객이 있다. 상품의 원료를 공급해 주는 고객(주로 원주민)과 물건을 구매하는 고객(교인도 포함)이 있다. 나는 이 두 그룹을 고객이라고 정의한다. 그런데 두 고객들은 서로 정반대 방향에 있다. 한 고객은 더 많은 돈을 받으려고 하고, 또 다른 고객은 더 싼 가격을 원한다. 대부분의 비즈니스는 한쪽에 치우쳐 있다. 돈을 벌기 위해서는 구매하려는 고객의 요구를 만족시켜 주어야 한다. 그렇게 하다 보면 상품의 원료를 공급하는 원주민들과 같은 사람들의 요구를 무시하기 마련이다.

반대로 선교만을 위한 비즈니스는 그 반대편으로 치우쳐서 비즈니스에 실패할 확률이 매우 높다. 비즈니스 선교의 어려움은 상반되는 두 고객을 만족시켜야 한다는 데 있다. 그래서 비즈니스 선교를 하는 사람은 특별히 타고난 비즈니스 자질과 긍휼의 마음을 가져야 한다. 이 두 가지를 동시에 소유하는 것은 매우 어렵다. 그래서 나의 정치 색깔도 중도인지 모르겠다. 하지만 나는 이도 저도 아닌 어정쩡한 태도의 중도가 아니라 분명한 색깔이 있는 중도를 지향한다. 하나님은 이런 나를 사용하셔서 두 고객 사이에서도 감사함으로 일할 수 있게 해 주시니 얼마나 감사한가!

비즈니스 선교는 곱셈

'BAM(Business As Mission)'이라고 불리는 비즈니스 선교는 비즈니스와 선교라는 두 축으로 구성된다. 흔히들 선교와 비즈니스를 합친 것이 비즈니스 선교라고 생각한다. 하지만 내가 경험한 바로는 단순히 두 가지를 더한 관계로만 설명하기 힘들다. 비즈니스와 선교 둘 중 하나만 잘못되어도 제대로 설 수 없는 관계이기 때문이다. 다시 말해 아무리 한 쪽이 커도 다른 쪽이 영(zero)이면 결과는 영으로 수렴된다. 그래서 나는 비즈니스 선교를 덧셈이 아니라 곱셈이라고 정의한다.

비즈니스 선교가 시작되면 먼저 가능한 빠른 시기에 비즈니스가 안정적으로 운영되어야 한다. 그렇지 않으면 선교는 중단된다. 반대로 아무리 비즈니스를 잘 해도 선교가 제대로 되지 않으면 아무런 소용이 없다. 문제는 이 두 축이 쉽게 친해질 수 있는 것이 아니라 상당히 멀리 떨어져 있어서 친해지는 데 꽤 시간과 과정이 필요하다는 것이다. 그만큼 어렵기도 하지만 조화가 잘 이뤄지면 상당한 결과를 가져올 수 있다. 이렇게 떨어져 있는 두 축을 혼자 해낸다는 것은 거의 불가능하다. 그래서 비즈니스 선교는 팀 사역으로 이루어질 때 비로소 의미 있는 결과를 얻을 수 있다.

만약 혼자서 이 두 가지 일을 하려고 한다면 순서가 중요하다. 두 가지 일을 동시에 할 순 없다. 앞서 말한 것처럼 비즈니스부터 시작해야 한다. 그 과정을 통해 돕는 관계를 맺고 회사가 안정된 상태로 진입하게 만드는 것이 가장 중요하다. 비즈니스 과정은 결코 시간의 낭비가 아니라 선교의 기초가 되는 신뢰의 관계를 형성하는 것이기 때문이다. 그런 다음 선교를 해도 절대로 늦지 않다.

나는 주일에도 일한다

필요하다면 나는 주일에도 일을 한다. 예배를 드린 후 일을 하는 것이 아니라 아예 주일 예배에 참석하지 않고 일한다. 내가 일을 하지 않으면 원주민들이 일할 기회가 없어지기 때문이다. 특히 고사리 철과 송이버섯 철에는 그렇게 일을 한다. 그 일을 미리 하거나 나중에 할 수 없기 때문이다. 물론 교회에 갈 수 있는 시간이 있다면 어떻게 해서라도 교회에 간다. 차가버섯 철인 겨울에는 일하는 시간에 있어서 융통성이 있다. 그래서 눈길을 뚫고 왕복 세 시간 걸리는 교회까지 가서 주일 예배에 참석한다. 나에게 있어 원주민들을 돕는 일은 주일을 성수하는 것과 같다. 일요일에도 고사리는 자란다. 그래서 일을 해야 한다.

모두가 행복한 선교

세계 여러 나라에 흩어진 선교사들과 만나 대화를 하면서 선교에 대해 얼마나 큰 편견을 갖고 있었는지 깨달았다. 다름 아닌 숫자에 대한 편견이었다. 대부분의 선교사들이 선교지에서 적어도 50~100명 이상 모이는 교회에서 사역하고 있으리라 생각했다. 그런데 10명을 넘지 않는 경우가 상당수라는 걸 듣고서야 내가 잘못 생각하고 있었음을 알게 되었다. 나만 그랬을까? 물론 어려운 환경에서 적은 인원이지만 열심히 섬기는 선교사들도 있을 것이라 생각하면서도 많은 선교사들은 수십 명 이상 모이는 교회를 섬기고 있을 것이라고 짐작했다. 왜냐하면 많은 교회와 성도들은 숫자가 선교의 열매라고 생각하기 때문이다. 사정이 이러니 후원하는 교회와 성도들의 기대를 만족시키기 위해, 또 여전히 좋은 열매를 맺는 선교 사역임을 강조하기 위해 어떤 선교사는 결과를 부풀려 보고한다는 안타까운 소식을 들었다. 우리의 선교를 다시 생각해 보아야 한다. 양적 결과보다는 질적 결과를 기대할 수는 없을까?

누가 우리 세대에 땅 끝까지 복음을 전파하라고 하였나? 사도행전의 말씀을 문자 그대로 적용한다 해도 복음이 지금의 상태로 전파되기까지 적어도 2천 년이나 걸렸다. 조금만 객관적으로 생각해 봐도 지금 우리 세대에 반드시 땅 끝까지 복음이 전파되어야 한다고 강조한 성경 구절은 찾아보기 힘들다. 혹자들은 땅 끝까지 복음이 전파되어야 종말이 온다고 했기 때문에 종말이 오기를 바라는 마음으로 서두르는 사람들도 있다. 그런데 그렇게 서두르다 보니 문제가 생긴 것이다. 그 고귀한 복음을 무례하게 전하는 것이다.

행복의 희생을 강요하는 선교

아프리카와 중동 지역에 있는 선교사들을 만나면서 나의 고민이 깊어졌다. 내가 지금까지 생각해 왔던 것과 너무나 다른 이

땀 흘려 함께 일하면서 자연스레 삶을 나누고, 더불어 먹고 마시면서
우리를 보여줄 수 있는 소중한 기회가 될 것이다.

야기를 들었기 때문이다. 선교사들의 삶은 불안과 갈등으로 지쳐 있었다. 가족 간의 대화는 단절되어 있었고, 복음은 기쁜 소식인데 그들에게는 기쁨이 없었다. 기쁨이 없는데 어떻게 기쁜 소식을 전할 수 있단 말인가? 선교사들의 삶에 불안과 불만이 가득하다면 그들이 전하는 것은 기쁜 소식의 복음이 아니라 슬픈 소식일지도 모른다. 이 문제가 비단 선교사들만의 문제는 아니다. 목회자들은 진정 행복한가? 장로와 권사들은 행복한가?

또 나는 정말 행복한가? 내 안에 넘쳐나는 기쁨의 삶을 원주민들이 보고 내게 있는 기쁨의 삶을 따라 살고 싶다는 마음이 생기게 할 수 없을까? 내 기쁨의 원천이 무엇인지 궁금하게 만들 수 없을까? 누가 봐도 광야처럼 힘든 삶임에도 불구하고 진심으로 기쁘게 살아가는 우리의 모습을 보고 사람들이 "어떻게 저렇게 기쁨으로 살 수 있을까"라는 질문을 던지게 할 수 없을까?

선교사가 불행한 이유를 선교사 개인의 문제로만 바라보면 아무런 해결점도 찾을 수 없다. 근본적으로 지금 우리가 하고 있는 선교에 대해 진지한 고민이 필요한 때다. 아프리카와 중동 지역을 다녀오면서 시작된 고민은 선교 사역 전반에 관한 진지한 반성에 이르도록 했다. 보내고 후원하는 이도 행복하고, 보냄을 받아 선교지에서 사역하는 이도 행복하고, 복음의 기쁜 소식을 들은 이들도 행복한 선교는 정녕 불가능할까? 그 고민의 과정에서 내가 하고 있는 비즈니스 선교가 작은 도움이 되지 않을까 하는 바람을 담아본다.

왜 선교사가 비즈니스를 해야 하나?

선교사들이 비즈니스 선교를 시작하기 전에 반드시 점검해야 할 지점이 있다. 왜 비즈니스를 하려고 하는지에 대한 동기 점검이다. 만약 그 동기가 단순히 선교를 하는 데 필요한 비자 문제나 금전적인 문제를 해결하려고 한다면 시작하지 말아야 한다. 시작하지 말아야 할 이유로는 두 가지가 있다.

첫 번째로 정직하지 않기 때문이다. 정직하지 못하다면 어떻게 선교사로서의 사역이 가능하겠는가? 바꿔서 생각해 보자. 어떤 무슬림이 한국에 선교 목적으로 입국해 놓고 들통나지 않으려고 비즈니스를 한다고 가정해 보자. 당신은 그 사람을 신뢰할 수 있을까? 신뢰가 없이 선교가 가능하다고 생각하는가?

두 번째로 실패할 확률이 매우 높기 때문이다. 지금까지 많은 선교사들이 수도 없이 시도했다가 대부분 실패했다. 전혀 개선

나는
정말 행복한가?

의 여지가 없다. 장담하건데 앞으로도 계속 그럴 것이다. 실패의
이유는 수없이 많다.

비즈니스 선교를 할 때 비즈니스를 하는 동기는 선교지와 그
지역 사람들에게 선한 영향력을 끼치기 위한 것이어야 하고, 반
드시 현지의 요구에 의한 것이어야 한다. 무엇보다도 '하는 선
교'가 아니라 '이루어지는 선교'가 되어야 한다. 즉 강제적이 아
니라 자발적으로 이루어지는 선교여야 한다는 것이다. 다시 강
조하지만 비즈니스 선교는 시작하기 전에 반드시 동기를 점검
해야 한다.

정직하게 벌어야 비즈니스 선교다

비즈니스 선교(BAM; Business As Mission)와 선교를 위한 비즈니스 (BFM; Business For Mission)의 경계는 매우 애매하다. 국제 비즈니스 선교 연합(IBA; International BAM Alliance)의 포럼에 참석하면서 알게 된 사실은 현재 비즈니스 선교(BAM)를 하고 있는 사람들 대부분이 선교 사 또는 목사라는 점이다. 냉정하게 비즈니스맨의 시각에서 그들은 선교를 위한 비즈니스(BFM)를 하고 있다고 보여진다.

도대체 BAM은 무엇인가? 고민을 거듭하다가 분명한 결론을 내렸 다. 선교지에서 나의 필요가 아닌 그들의 필요에 의해 비즈니스를 하 고 선한 영향력을 행사해서 그들의 삶에 변화를 주었음에도 불구하고 겉으로 보이는 선교의 결과가 나타나지 않았을 때 그래도 그 일을 할 것인가? 만약 이 질문에 "예"라고 답할 수 있다면 그것이 비즈니스 선 교가 아닐까?

한편으로는 굳이 구분할 필요가 있을까라는 생각도 든다. BAM이면 어떻고 BFM이면 어떤가? 다만 BFM이 대부분 실패한다고 해서 BAM을 한다고 말하지 않았으면 좋겠다. 단어를 바꾼다고 해서 실패가 성공으로 바뀌지 않는다. 비즈니스 자체는 어렵고 힘든 일이다.

비즈니스 선교를 영어로 'Business As Mission'이라고 표기한다. 여기서 'as'는 과정을 말한다. BAM은 그만큼 결과보다 과정을 중요시한다는 의미이다. BAM은 비즈니스를 통해 돈을 벌어 선교에 사용하겠다는 것이 아니다. 선교를 위해 비즈니스를 하는 것도 더더욱 아니다. BAM은 그것을 진행하는 모든 과정이 선교인 것이다. BAM을 하는 사람들이 꼭 기억해야 할 한 가지는 돈을 제대로 벌어야 한다는 점이다. 제대로 번다는 것은 구체적으로 정직하게 벌어야 한다는 말이기도 하다. 그래서 BAM은 일반적인 비즈니스보다 훨씬 어렵다.

돈을 벌어 선교에 사용한다 해도 과정에 문제가 있으면 BAM이 아니다. BAM은 그만큼 추가적인 헌신을 요구한다. 그러므로 헌신의 각오가 되어 있지 않다면 BAM을 한다고 나서지 않는 편이 좋다. 그냥 본인이 하고 싶은 비즈니스 하는 게 낫다. 꼭 선교라는 타이틀을 붙이지 않아도 창업해 비즈니스 하는 게 얼마나 어려운가? 그리고 비즈니스를 통해 어렵게 번 돈을 선교에 사용하는 것도 얼마나 귀한가! 아무것도 모르고 시작한 긱섬은 하면 할수록 쉽지 않다는 생각이 든다. 'as'라는 전치사 하나가 나를 어렵게 만든다. 사실 긱섬은 차가버섯 매입을 거의 독점하고 있다. 경쟁자가 없기 때문에 긱섬이 매입 가격을 결정할 수 있다. 그러므로 매입 가격을 내려 더 큰 이익을 창출하고 더 많은 돈으로 선교를 도울 수 있다. 하지만 나와 긱섬은 이익을 적게 남기는 한이 있더라도 공정한 가격을 주고 매입하려고 한다. 결과보다 과정이 더 중요하기 때문이다.

비즈니스 선교의 시작

전도는 정말 힘든 일이다. 내 일생에 한 명 전도하면 본전이요, 두 명 전도하면 초과 달성이라고 생각한다. 그러려면 나로 인해 한 명이라도 교회를 떠나지 않아야만 한다. 만약 세 명 이상 전도된다면 그것은 전적으로 하나님의 은혜요, 기적이다. 마을이나 부족 전체를 전도하겠다는 헛된 꿈은 모두를 힘들게 할 수 있다.

한때 번영신학을 반영한 조엘 오스틴의 『긍정의 힘』이 베스트셀러가 된 적이 있었다. 빗대어 생각해 보면 전도의 헛된 꿈도 번영신학과 별반 다르지 않다는 생각이 든다. 한두 사람일지라도 진정으로 그들을 변화시키는 삶이 평생의 목표가 되기를 기도한다. 그래서 선교사에게 너무 기대하지 말고 선교사도 너무 보여주려고 하지 않았으면 좋겠다. 이런 문화가 정착되기까지 얼마나 많은 시간이 걸릴지 모르겠다. 다만 비즈니스 선교가 이 일을 조금 더 앞당겨 줄 수 있으리라 생각해 본다.

비즈니스 선교를 하면서 실제적으로 필요한 네 가지를 꼽으라고 한다면 회사의 소유권, 직원의 고용과 해고, 그리고 손익분기점이다. 이 네 가지는 매우 실제적이면서 머리 아픈 문제이기도 하지만 반드시 짚고 넘어가야 할 것들이다.

회사의 소유권에 대한 이해

비즈니스에 있어서 소유권에 대한 정확한 이해는 대단히 중요하다. 소유권은 각 개인이 회사에 얼마나 공헌하느냐에 따라 결정된다. 이것은 선교를 위한 기업이나 일반 기업이나 크게 다르지 않다. 일반적으로 돈을 투자한 사람에게 대부분의 소유권이 가는 것은 당연하다. BAM 기업도 예외는 아니다. 만약 선교사가 BAM 기업을 한다면 자기가 가진 재산을 투자하여 지분을 획득해야 한다. 만약 후원을 받았다면 후원 받은 개인이나 단체에 지분을 배당해야 한다. 만약 BAM에 참여하는 사람이 특별한 기술을 가졌거나 비즈니스에 필요한 현지 지식을 가졌다면 이것 또한 가치이므로 이에 상응하는 지분을 소유할 수 있다. 만약 현지인의 도움이 필요하다면 현지인에게도 지분 배당을 할 필요가 있다. 또 선교사가 투자를 전혀 하지 않고 일정한 금액의 월급을 지속적으로 받는다면 지분을 받을 이유가 충분하지 않다. 리스크가 거의 없기 때문이다. 지분은 리스크를 누가 얼마만큼 지느냐에 따라 결정된다. 비즈니스에서 눈먼 돈은 절대 없다. 눈먼 돈을 기대한다면 도둑놈 심보다.

가장 바람직한 형태는 돈을 투자한 사람이 대부분의 소유권을 가지고 직접 기업을 운영하는 것이다. 그리고 나중에 스톡옵션을 통해 회사의 성공에 공헌한 사람에게 소유권을 취득할 수 있는 기회를 주는 것이 바람직하다. 제일 나쁜 구조는 후원을 받은 선교사가 회사의 소유권을 모두 갖는 것이다. 게다가 훗날 후원으로 시작한 회사를 사유화하는 것 또한 옳지 않다. 그래서 소유권에 대한 정확한 이해가 나중에 있을 문제를 미리 예방할 수 있다. 한 가지 명심할 것은 아무리 합법적이라 하더라도 정당하지 않을 수 있다는 점이다. 특히 BAM 기업은 정직이 생명이다. 현재 긱섬의 경우 내가 모든 자본을 투자해 80퍼센트의 지분을

가지고 있으며, 원주민 두 명이 각각 15퍼센트와 5퍼센트의 소
유권을 가지고 있다.

기독교인이라고 더 충성스럽지 않다

회사의 흥망은 누구를 선택하느냐에 달려 있다고 해도 과언
이 아니다. 대부분 사람들은 무엇을 할 것인가를 결정한 후 그 목
적에 적합한 사람을 선택하게 된다. 즉 '무엇' 다음에 '누구'를 결
정한다. 그러나 성공한 기업은 '누구'를 먼저 선택한 후 '무엇'을
할 것인지 결정한다.

일반적으로 전략이나 방향 또는 상품을 결정한 후에 그에 부
합한 사람을 선택하는 것이 정석이라고 생각할 수 있지만, 사실
은 그와 반대로 적합한 사람을 먼저 선택하는 것이 중요하다. 성
공한 기업의 대표는 기업이라는 버스가 어디로 갈 것인지를 결
정한 후 그곳으로 가는데 적합한 사람을 태우는 것이 아니라 우
선 지향하는 바가 같은 적절한 사람을 버스에 태우고 난 후 어디
로 갈 것인지를 결정한다. 만약 버스에 승차한 사람의 최우선적
인 목적이 특정한 목적지였다면 돌발적인 일로 인해 방향을 바
꾸어야 할 때 심각한 문제가 일어날 수 있다. 그러나 버스에 탄

사람들이 서로를 이해하고 협력한다면 돌발적으로 발생한 일로 인해 방향을 바꾸는 일은 그리 문제가 되지 않는다.

기독교인의 고용에 있어서 명심해야 할 것은 기독교인이라는 이유로 고용에 추가 점수를 주어서는 안 된다는 것이다. 기독교인이라고 해서 더 충성스럽게 일할 것이라는 가정은 하지 말아야 한다. 많은 사람들이 이런 판단 오류로 인해 후회하는 것을 종종 보았기 때문이다. "인사(人事)가 만사(萬事)"라는 말이 괜히 나온 게 아니다. 분명한 철학을 갖고 직원을 고용해야 한다. 일반 기업도 그러할 것인데, BAM 기업이라면 더더욱 인사에 각별히 신경 써야 한다.

해고가 필요한 이유

직원의 해고는 비즈니스를 하는 모든 사람들에게 가장 힘든 일이다. BAM 기업도 예외는 아니다. 특히 선한 영향력을 말하는 회사에서 직원의 해고는 매우 어려운 결정이다. 그러나 분명한 것은 회사에 나쁜 영향을 끼치는 직원은 해고해야 한다는 것이다. 그것이 회사를 위하는 일임과 동시에 해고당하는 사람을 위한 것이기도 하다.

우리는 끝없는 용서가 기독교인이 해야 할 일이라고 생각하고 계속해서 용서하려고 한다. 그래서 해고를 하고 싶은 사람이 있어도 해고를 미룬다. 솔직히 해고를 못하는 이유는 그 사람을 생각해서가 아니라 해고한 뒤에 생길 귀찮은 일 때문이 아닌가? 만약 그가 와서 "나 회사 그만 둘래요"라고 했을 때 내 속이 시원하다면 미리 해고시켜야 한다. 그 길이 둘 다 사는 길이다. 해고시키고 싶은 사람은 언젠가 해고당하게 되어 있다. 시간을 끌면 끌수록 나도 손해고 그 사람도 손해다. 명심할 것은 사람을 바꾸려고 하지 말라는 것이다. 사람은 변하지 않는다.

그런데 해고에 있어서 대단히 중요한 지점이 있다. 해고 후에도 좋은 관계를 유지하는 것이다. 그러기 위해서는 그가 기대한 이상으로 대우를 해 주어야 한다. 나는 해고한 직원에게도 일 년 반 동안 월급을 준 경우가 있었다. 이렇게 손해를 보면서도 해고하는 이유는 내가 손해를 보아야 앞으로 나의 실수를 줄일 수 있기 때문이다. 지금까지 25년 동안 회사를 운영하면서 제법 많은 사람들을 해고해야만 했다. 그럼에도 대부분은 지금도 좋은 관계를 유지하고 있다. 직원의 해고 및 관계와 관련하여 리더십에서 중요한 요소는 감정을 끊을 수 있는 능력(정서적 분리; emotional detachment)과 감정을 이을 수 있는 능력(정서적 연결; emotionally attachment)을 공유하는 것이라고 할 수 있다.

많은 비영리 회사들이 실패하는 이유가 필요한 해고를 하지 않기 때문이다. 그냥 감싸고 넘어가려고 하거나 싫은 소리를 듣지 않으려고 하기 때문이다.

손익분기점을 넘기기 위해서

비즈니스를 시작하고 손익분기점을 넘기기란 정말 쉽지 않다. BAM 비즈니스의 손익분기점 통과는 더더욱 어려운 일이다. 선교를 위해 비즈니스를 하나의 수단으로만 생각하는 BFM의 경우 대부분 손익분기점을 통과하지 못한다. 솔직히 통과에는 관심이 없다. 왜냐하면 손실을 기부금에서 충당하기 때문이다. 만약 손익분기점을 통과했다고 해서 비즈니스가 이익으로 돌아섰다는 것도 아니다. 한 해를 기준으로 할 때 그 해가 이익으로 돌아섰다는 이야기다. 이 지출에는 개인의 월급과 융자금의 이자도 포함되어야 한다. 그럼에도 손익분기점을 넘겼다는 것은 매우 큰 의미를 가진다. 더 이상 돈이 들어가지 않아도 된다는 뜻이기 때문이다. 즉 외부에서 돈이 추가로 투자되지 않아도 되기 때

선교사에게 너무 기대하지 말고
선교사도 너무 보여주려고 하지 않았으면 좋겠다.

문에 지속 가능하다는 의미이다. 업종에 따라 다르겠지만 사업을 시작한 지 3~5년에는 손익분기점을 통과해야 한다. 만약 4년 정도 지났는데도 손익분기점을 넘길 가능성이 보이지 않으면 폐업을 심각하게 고려해야 한다. 빨리 폐업하는 것이 손실을 줄이는 방법이다.

손익분기점을 넘기기 위해서는 두 가지 방법이 있다. 수입을 늘리거나 지출을 줄이는 방법이다. 그런데 수입을 늘리기가 쉽지 않다. 수입을 늘리기 어려우면 지출을 줄여야 한다. 지출을 줄이는 방법 중 제일 쉬운 것이 사장의 월급을 줄이는 것이다. 이익이 나지 않는데도 월급을 꼬박꼬박 챙겨가는 사장은 사장이라고 할 수 없다. 물론 직원들의 월급은 사장의 월급보다 우선적으로 지급되어야 한다. 또 한 가지는 고정비용을 줄이는 것이다. 고정비용이란 물건의 생산량과 관계없이 고정적으로 지출되는 금액이다. 사장의 월급이 매달 고정적으로 나간다면 이것 또한 고정비용이다. 마지막으로는 생산성을 높이는 것이다. 생산성을 높이기 위해서는 사장이 직접 그 일을 해 봐야 한다. 사장이 전문가가 되어야 한다는 말이다.

이상으로 이야기한 비즈니스 선교의 동기, 소유권, 직원의 해고, 손익분기점에 대한 글이 당신의 머리를 아프게 한다면 비즈니스 선교와 거리가 멀다고 생각하면 된다. 이 정도로 머리가 아프면 시작하지 않는 편이 낫다.

서두르지 말자

비즈니스 선교를 하면서 꼭 기억해야 할 것은 우리가 소금이 되어야 한다는 점이다. 소금이 되어 그 맛을 간직한 채 필요한 사람들의 주위에 그냥 있어 주기만 하면 된다. 그래서 현지인들이 우리를 필요로 할 때 소금처럼 사용하면 된다. 소금은 음식의 맛을 낼 때 필요에 따라 사용되지만, 소금 스스로 음식에 들어가 자신의 존재감을 드러내려고 한다면 음식 본연의 맛을 잃고 짠맛만 강해져서 먹을 수 없게된다. 마찬가지로 우리가 선교지에서 존재감을 드러내려고 할수록 복음을 들어야 할 현지인들이 망가지게 된다. 소금은 반드시 필요하지만 사용되기를 서두르지 말고 소금의 맛을 잃지 않고 음식 곁에 있다가 꼭 필요할 때 적절히 사용되어야만 한다. 조용히 선한 영향력을 끼치면서 현지인들 곁에 있다 보면 반드시 그들의 필요에 의해 사용될 때가 생길 것이고, 그때가 바로 하나님의 때이다.

지속 가능한 비즈니스 선교

비즈니스 선교를 하면서 고려해야 할 중요한 세 가지가 있다. 기업의 이익 분배, 소유권 이전, 선교사의 노후 대책이 그것이다. 이 세 가지를 잘 설계해야 지속 가능한 비즈니스 선교가 성공적으로 이루어질 수 있다.

이익 분배에 대한 계획

비즈니스 선교 기업에서 이익이 발생하면 그 이익을 어떻게 분배할지에 대한 계획이 필요하다. 분배 계획을 논의하기 전에 생각해 볼 질문들이 있다. 그 이익을 전부 선교에 사용하는 것이 가장 바람직한가? 선교에 사용한다는 것은 어떤 의미인가? 내가 생각하는 비즈니스 선교 기업의 이익 분배가 과연 선교와 상관 없는 일일까?

이익이 발생하면 가장 먼저 앞으로 회사를 운영하는 데 필요한 운영자금부터 저축해 두어야 한다. 그 다음으로 빚이 있다면 그 빚을 단계적으로 갚아야 한다. 그런 다음에 직원들에게 보너스를 지급하는 것이 바람직하다. 마지막으로 주주들에게 배당금을 지급한다. 이 배분은 회사의 상황에 따라 달라질 수 있다. 예를 들어, 내가 IT 회사를 운영할 때는 이익의 10퍼센트를 여러 단체에 기부한 후 남은 금액의 1/3은 운영자금으로, 1/3은 직원들의 보너스로, 그리고 나머지 1/3은 배당금으로 주주들에게 지급했다. 긱섬의 경우 이익의 20퍼센트는 선교를 위하여, 10퍼센트는 교육을 위해 사용하고 있다. 기업의 이익을 모두 내 주머니로 넣어 버린다는 것은 이익이 모두 내 노력으로만 이루어졌다고 생각하는 것과 같다. 이런 사람들은 겉으로는 하나님의 은혜를 말하지만 실제로는 그것을 믿지 않는 것이다.

BAM 기업에 있어서 선교는 아주 중요한 한 축이다. 그래서 회사의 이익을 가능한 한 많이 선교를 위해 사용해야 한다. 그럼에도 불구하고 나는 직원들에게 그들이 기업의 주인임을 느끼게

해 주는 것이 선교에 지출하는 것만큼이나 중요하다고 생각한다. 열심히 돈을 벌어서 모두 남에게 준다면 왜 주인이 되려고 하겠는가? 헌신만 강조하고 보상을 하지 않는 게 과연 선교의 정신일까? 긱섬은 창립 시 이익의 50퍼센트를 이웃을 위해 사용하기로 결정했다가 나중에 30퍼센트로 변경했다. 가장 큰 이유는 직원들에게 주인의식을 더 심어 주기 위해서다. 물론 직원들도 캐나다 원주민들이고 결국 선교를 위해 사용되는 것이지만 분명하게 정리해 두었다.

회사를 떠나지 않게 하려면

회사가 성장하거나 성공하게 되면 소유권을 이전할 수 있다. 내가 경험한 중소기업의 문제 중 하나는 좋은 사람을 계속해서 고용하기 어렵다는 것이다. 어느 정도 일을 맡기려고 하면 회사를 떠나기 때문이다. 물론 BAM 기업도 동일한 문제를 안고 있다. 현지인들도 우리와 다르지 않기 때문이다. 그러면 직원들은 왜 회사를 떠날까? 일한 만큼의 대가가 돌아오지 않는다고 생각하기 때문이다. 그런 직원들이 주인의식을 갖고 회사를 떠나지 않고 일할 수 있도록 동기부여 하는 계기가 회사 소유권의 일부를 넘겨주는 것이다.

직원이 하고 있는 일이 누구나 쉽게 할 수 있는 일이라면 소유권을 이전할 이유가 없다. 그러나 그가 회사에 꼭 필요한 존재이고 누구도 그를 대신할 수 없다면 소유권을 나눠 주는 것이 마땅하다. 그래서 그도 회사의 주인이 되도록 해 주어야 한다. 물론 무료로 나눠 주어야 한다는 것은 아니다. 지분을 살 수 있는 기회를 주라는 것이다. 보너스를 현금 대신 주식으로 줄 수도 있고, 스톡옵션을 통해 그가 공헌한 만큼의 가치를 제공해 줄 수도 있다. 긱섬도 원주민들에게 소유권을 이전할 것이다. 다만 소유권의 이전은 급히 서둘러서도 안 되지만 확실한 계획을 가지고 움직여야 한다.

그런데 왜 BAM 기업들에서 이런 이야기가 별로 없을까? 그만큼 성공한 BAM 기업이 없기 때문 아닐까? 그러면 왜 성공한 BAM 기업이 없을까? 혹시 이런 고민이 없었기 때문에 그런 것은 아닐까?

선교사의 노후 대책

현재 한국의 선교단체 대부분은 파송 선교사에 대한 노후 대책이 거의 없다고 해도 과언이 아니다. 또한 후원 교회들도 선교사의 노후까지 후원하지 않는다. 결국 선교사들은 선교지에서 스스로 노후 대책을 마련할 수밖에 없다. 한국 교회의 선교는 그동안 선교사들에게 너무 많은 희생을 강요해왔다. 그도 그럴 것이 이런 열악한 상황에서도 선교사 지원자들이 많았기 때문이다. 게다가 한국 내 목회 자리가 부족한 탓도 한몫을 했다.

BAM은 이에 대한 해법을 가지고 있는가? 만약 그렇다면 어떻게 해야 할까? BAM은 비즈니스도 선교도 모두 적극적으로 하자는 것이다. 출발부터 비즈니스에 큰 방점이 찍혀 있기 때문에 일반 비즈니스처럼 성공할 가능성이 높다. 일반 비즈니스와 다른 점이라면 선한 영향력을 끼치기 위해 최선을 다해 정직하게 비즈니스 하는 것이다. 정직하게 비즈니스 한다고 해서 일반 비즈니스보다 성공하기 어려운 것이 아니다. 정직은 언젠가 되돌아오기 때문이다. 그래서 BAM을 제대로 하면 성공 가능성이 높고, 이는 선교사의 노후 대책을 위한 큰 해결책이 될 수 있다.

하지만 BAM을 통해 선교사 개인의 노후 대책을 생각한다면 정당하게 소유권을 취득할 수 있어야 한다. 처음부터 개인이 투자하여 사업을 시작하든지, 아니면 그 소유권을 정당한 방법으로 취득해야 한다. 열심히 일한 대가로 소유권을 취득할 수 있고 돈을 주고 소유권을 살 수도 있다. 문제는 주위에서 회사의 소유권을 취득하려는 선교사를 보는 따가운 눈총이다. BAM을 이해하지 못하는 사람들은 선교사가 회사의 소유권을 취득하는 것에 대해 곱지 않은 시선으로 보기 때문이다. 그래서 더더욱 정당한 방법으로 소유권을 취득하라고 제안하는 것이다. 그래야 최소한 자기 자신에게는 떳떳할 수 있다. 자기 자신에게도 떳떳하지 못한 사람이 어떻게 다른 사람 앞에게 떳떳할 수 있겠는가?

모든 비즈니스가 그러하지만 BAM 기업인이 특히 재정 투명성에 주의해야 한다. 그러기 위해서는 비즈니스 후원금에 대한 정확한 기록이 있어야 한다. 그래야 부득이한 이유로 그 기업이 개인 기업으로 변경될 경우 후원한 사람들에게 후원금을 되돌려 줄 수 있다. 또 투명성을 위해 은행의 개인 구좌와 비즈니스 구좌를 분명히 구분해야 하고, 개인 지출과 비즈니스 지출도 구분되어야 한다. 비즈니스 지출은 영수증과 같은 증빙 서류를 반드시 보관해야 한다. 비즈니스에서 돈 문제로 인해 많은 불신과 문제가 야기되기 때문이다. 한 가지 덧붙이자면, 쉽지 않은 일이지만 적어도 비즈니스 선교를 시작한다면 선교사의 모자를 벗어 버리는 것도 한 방법이다. 그러나 꼭 기억해야 한다. 아무리 선교사의 모자를 벗었다 해도 당신은 여전히 선교사다. 여전히 선한 영향력을 끼치고 있다면 모자를 벗는다고 해서 그 영향력이 사라지지 않는다. 사람들은 모자를 보지만 하나님은 중심을 보신다.

비즈니스 선교의 'how'와 'why'

지난 7년간 비즈니스 선교의 핵심 키워드가 무엇인지 곰곰이 생각해 왔다. 내가 내린 결론은 '정직(integrity)'과 '나눔(sharing)'이다. 전자는 '어떻게(how)'에 대한 답이고, 후자는 '왜(why)'에 대한 답이다. 비즈니스 선교를 하는 사람은 정직하게 돈을 벌어야 하며, 돈을 버는 목적이 나눔에 있다. 이 두 가지 정직과 나눔은 밀접한 관계를 가지고 있다. 만약 나누기 위해 돈을 번다면 부정직한 방법으로 돈을 벌려고 하지는 않을 것이다. 나 자신의 이익을 위해 돈을 벌 경우에는 정직을 지키기가 어렵다.

그런데 이 두 가지 키워드가 비즈니스 선교에만 적용되는 것인가? 아니다. 우리의 생활에서도 적용되어야 한다. 하나님은 성경의 수많은 구절에서 나눔의 삶을 말씀하고 계신다. 심지어 나누지 않는 삶을 '죄'라고 말씀하신다.

정직을 실천하는 방법은 하나님을 경외하는 것이다. 하나님이 나를 보고 계신데 어찌 정직하지 않는 방법으로 돈을 벌 수 있단 말인가? 정직하지 않다는 것은 하나님의 존재를 인식하지 않고 살아간다는 간접적인 표현이다. 정직과 나눔, 이 두 가지를 잘 실천하면 좋은 비즈니스 선교 기업이 될 것이다.

비즈니스 선교를 위한 제안

비즈니스 선교를 준비하고 있거나 시작하려는 사람들이 경계하고 유의해야 할 핵심적인 다섯 가지 제안을 기술해 보고자 한다. 5가지 제안은 비즈니스 선교의 기본이라고 할 수 있겠다.

첫 번째, 비즈니스 선교라는 말이 방법적으로 새로운 선교를 하는 것처럼 거창하게 보여서 시작하려고 한다면 비즈니스 선교를 하지 말아야 한다. 비즈니스는 타고난 자질과 훈련이 필요하다. 또 비즈니스는 하나님의 존재를 인정하는가, 인정하지 않는가를 시험하는 영적 훈련장이기도 하다. 갑자기 비즈니스 영성이 생기는 것이 아니다. 비즈니스 선교를 한다고 했다가 비즈니스가 잘못되면 선교에 더 큰 타격을 입을 수 있다.

또 개인 비즈니스를 하면서 비즈니스 선교를 한다고 말하지 말아야 한다. 그냥 비즈니스부터 제대로 해야 한다. 하나님 앞에서 제대로 하는 비즈니스가 곧 선교다. 묵묵히 비즈니스를 하다가 하나님의 특별한 부르심이 있다면 그때 응답해도 늦지 않다. 새로운 선교를 하겠다고 비즈니스 선교를 거론하는 것은 옳지 않으며, 개인 비즈니스를 하면서 '선교'라는 단어를 붙여서도 안 되지만 매우 신중해야 한다는 점을 반드시 기억해야 한다.

두 번째, 내가 가진 것을 투자해야 한다. 남의 돈만 가져다가 시작하려고 하지 말아야 한다. 즉 비즈니스 선교를 한다면서 후원 받은 돈으로만 하지 말라는 뜻이다. 만약 실패하게 된다면 아파야 한다. 실패해도 아프지 않다면 시작하지 말아야 한다. 만약 돈이 없다면 무언가 뼈아프게 잃어버릴 것을 만들어야 한다. 이 세상에서 안전한 것은 없다. 자신이 가진 것을 투자해야 배수진을 치게 된다. 배수진을 치지 않으면 성공하기 어렵다.

세 번째, 자신의 생활 유지를 위해 비즈니스 선교를 시작하지 말아야 한다. 비즈니스 선교가 나의 생활수단이 되는 순간 선교지의 원주민들을 위한 마음은 사라지게 된다. 언제나 떠날 준비를 해야 한다. 나의 왕국을 건설하고 계속해서 왕으로 남아 있지

조용히 선한 영향력을 끼치면서 현지인들 곁에 있다 보면 반드시
그들의 필요에 의해 사용될 때가 생길 것이고, 그때가 바로 하나님의 때이다.

말아야 한다. 즉 비즈니스 선교를 한다면 언젠가 본전을 하고 떠날 수 있어야 한다. 그리고 최소한 100년 후를 바라보며 지속 가능한 사업이 되도록 계획하고 시작해야 한다. 내가 죽은 후에도 계속 지속되지 않는 선교는 나 자신을 위한 것일 뿐이다.

네 번째, 적을 만들지 말아야 한다. 비즈니스에서 해고는 불가피하다. 그런데 해고를 하더라도 좋은 관계를 유지하도록 해야 한다. 큰 도시에서는 안 보면 그만이지만 원주민 마을처럼 좁은 곳에서는 안 볼 수가 없다. 마무리를 잘 하기 위해서는 기대 이상의 호의를 베풀 필요도 있다.

다섯 번째, 올바른 청지기의식을 가져야 한다. 주인의식이란 주인이 아닌 사람이 주인처럼 생각하고 주인처럼 행동하는 것이다. 주인의식을 가지고 있지 않으면 주인이 될 수 없다. 청지기의식도 주인이신 하나님의 입장에서 생각하고 주인이신 하나님께서 주신 일을 잘 감당하는 것이다. 청지기의식은 수동적인 것이 아니다. 주어진 일만 충실히 하는 것이 아니라 창조적으로 생각하는 주인의식을 소유하고 적극적으로 행동하는 것이다.

흉내 내지 말자

사람마다 타고난 독특한 재능이 있다. 그런데 그것을 극대화하기보다 다른 사람을 흉내 내는 사람들이 있다. 선교도 마찬가지다. 선교를 하기 위해서는 신학을 해야 하고, 선교사가 되어야 하고, 선교단체에 소속되어야 하고, 선교사라고 불려야 한다고 생각한다. 물론 그런 선교사도 필요하다. 그리고 그런 선교사들이 할 일이 많다. 그런데 선교는 일반적으로 말하는 선교사만 하는 것이 아니다. 비즈니스 소질이 없는 선교사가 비즈니스를 하면 안 되듯 선교에 소질이 없는 사람이 선교사가 될 필요도 없다. 그래서 선교에 대한 올바른 정의와 이해가 필요하다. 선교란 하나님의 나라가 하늘에서 이루어진 것처럼 이 땅에서도 이루어지게 하는 것이다. 세례를 주고 교회를 세우는 것만이 선교가 아니라는 뜻이다. 그런 의미에서 선교사라고 불리지 않는 더 많은 선교사들이 나오기기를 기대한다.

목적에 이끌리는 삶

'목적이 이끄는 삶'과 '목적에 이끌리는 삶'은 다르다. 목적이 이끄는 삶은 내가 세운 목적이 나를 이끄는 삶이지만, 목적에 이

끌리는 삶은 내가 세운 목적이 아니라 하나님이 의도하시는 목적에 의해 내가 이끌려 가는 삶을 말한다. 목적이 이끄는 삶은 내가 세운 목적을 향해 전진만 하는 것이지만 목적에 이끌리는 삶은 서라고 하면 서고 계획했던 길이 막히고 새로운 길이 생기면 그 길로 가면 된다. 그러므로 목적에 이끌리는 삶에는 실패가 없다. 내가 의도한 일이 일어나지 않았다고 해서 실패한 것이 아니다. 목적에 이끌리는 삶은 그 과정 자체가 매우 중요하다. 그러므로 완벽하지 않아도 되고 실수를 해도 괜찮다. 다만 목적이신 하나님 앞에 정직하면 된다.

하나님은 우리를 특별한 목적을 가지고 창조하셨다. 그 목적에 합당하게 살지 않는 것은 창조의 낭비다. 창조의 낭비는 하나님이 보시기에 악한 것이다. 우리가 정직하지 않다면 그것은 죄이며, 나누는 삶을 살지 않는 것도 죄이다. 우리 모두가 "잘하였도다 착하고 충성된 종아 네가 적은 일에 충성하였으매 내가 많은 것을 네게 맡기리니 네 주인의 즐거움에 참여할지어다"라는 칭찬을 받는 삶이길 바란다.

'비즈니스 선교'와 '선교를 위한 비즈니스'

아주 오랫동안 선교를 위한 비즈니스를 해 온 선교사와 이야기를 나눈 적 있다. 대화를 하면서 내가 생각하는 비즈니스 선교와 많은 차이가 있음을 확인했다. 선교를 위한 비즈니스를 하다 보니 많은 손해를 보면서도 해고를 하지 못하고 계속 포용하고 안아 주고 있었다. 또 돈을 못 받을 줄 알면서도 빌려주고 있었다. 실제로 돈을 빌려주고 받은 적이 거의 없단다. 내가 이번에 돈을 빌려주고 다 받았다고 하니 기적이란다. 오랫동안 비즈니스를 해 온 나로서는 비즈니스 선교에 대한 생각이 그 선교사와 많이 달랐다.

내가 생각해 온 비즈니스 선교의 개념을 세 가지로 정리하면 다음과 같다.

첫째, 비즈니스 자체가 선교이다. 이것은 꼭 전도를 해서 결실을 맺어야 한다는 의미가 아니다. 비즈니스라는 도구를 사용해 선한 영향력을 끼치는 것 자체가 선교라는 의미다. 그렇다고 해서 선교를 하지 않는다는 이야기가 아니다.

둘째, 약한 자를 계속 포용하는 것이 아니라 그 중에서 리더를 선택하여 그들 스스로 일을 할 수 있도록 만들어 주는 것이다. 선교도 그들 스스로 하게 만드는 것이다. 내가 필요하도록 만드는 것이 아니라 내가 불필요하게 만드는 것이다. 99마리를 남겨두고 한 마리를 찾아 떠나는 것이 아니라 99마리가 한 마리를 돌보게 하는 것이다.

셋째, 우리가 교회를 지어 주고 고쳐 주는 게 아니라 그들이 스스로 짓고 고쳐야 한다. 만약 그것이 안 된다면 아예 시작하지 말아야 한다. 왜냐하면 어차피 안 될 것이기 때문이다. 계속해서 안아 주고 참아 주고 도와주어야 한다는 것에 동의하지 않는다. 물론 그러한 방법으로 사역하는 선교사들도 있다. 그렇다고 나까지 그렇게 할 필요는 없다. 그러한 방법으로는 원주민 선교가 불가능하다. 새로운 변화 없이는 원주민 교회는 수년 내에 반 이하로 줄어들 것이다. 그러면 하나님은 선교에 관심도 없던 나를 왜 부르셨을까? 내가 이곳 캐나다 원주민 마을에서 만나고 배운 하나님은 나의 실수를 오히려 그의 나라를 위해 사용하시는 고수 중의 고수이기 때문이다. 내가 하고 있는 이 시행착오가 오히려 하나님 나라에 사용된다는 것은 매우 흥분되는 일이다.

한때 내 마음에 품었던 겸손을 위장한 교만함을 고백한다.

'내가 누군가에게 필요한 존재라는 것을 느끼고 싶어 하는 마음 때문에 그들을 무조건 도와주고, 또 그들을 무기력하게 만드는 것이 나의 이기심은 아닐까?'

내가 그들보다 나은 것이 하나도 없다. 나는 그저 소금일 뿐이다. 그들이 필요로 할 때 아주 조금 사용되어질 뿐이다.

선한
영향력

자립 문제 때문에 긱섬의 처음 7년 계획을
20년으로 바꾸게 되었다.

마태복음 25장에는 우리가 잘 알고 있는 달란트 비유가 나온다. 주인이 멀리 떠나기 전 종들을 불러서 한 종에게는 금 다섯 달란트를, 다른 종에게는 금 두 달란트를, 또 다른 종에게는 금 한 달란트를 맡긴다. 오랜 시간이 지난 후 주인이 돌아왔을 때 다섯 달란트를 받은 종은 다섯 달란트의 이윤을 남겼고, 두 달란트 받은 종은 두 달란트를 더 남겼다. 그런데 한 달란트 받은 종은 그 한 달란트를 땅에 묻어 두었다가 주인에게 내놓았다. 그때 주인은 이 한 달란트 받은 종에게 '악하고 게으른 종'이라고 책망한다. 나는 이런 주인의 태도를 이해할 수 없었다. 다만 '게으르다'라는 말은 이해할 수 있었다. 사업을 하는 입장에서 이익을 남겨야 할 사람이 그저 땅에 묻어 두었으니 게으르다고 책망을 받을 수 있다. 그런데 '악하다'라는 말은 쉽게 이해되지 않았다. 그것이 악한 행동인가? 주인이 조금 지나친 것 아닌가 하는 생각이 들었다. 정 그렇다면 돈을 주고 갈 때 어떻게 하라고 말하고 떠나야 하는 것 아닌가? 갈 때는 아무 말도 없이 돈만 주고 떠났는데, 그렇다고 한 달란트를 받은 종이 돈을 잃어버린 것도 아닌데 악하다니! 종의 입장에서는 억울할 법도 하다.

그런데 신명기 15장에 나오는 면제년(免除年)에 대한 말씀을 읽다가 그 해답을 찾을 수 있었다.

삼가 너는 마음에 악한 생각을 품지 말라 곧 이르기를 일곱째 해 면제년이 가까이 왔다 하고 네 궁핍한 형제를 악한 눈으로 바라보며 아무것도 주지 아니하면 그가 너를 여호와께 호소하리니 그것이 네게 죄가 되리라 (신명기 15:9)

면제년이 다가올수록 꾸어준 돈을 받을 가능성이 희박해지기 때문에 돈 빌려주기를 꺼리는 것은 어찌 보면 세상의 논리로 당연한 일이다. 그런데 그런 생각을 하는 것에 대해 하나님이 악하다고 하시고 죄라고 말씀하신다. 앞선 달란트 비유와 신명기의 말씀을 비교해서 읽어보면 우리가 생각하는 악한 것과 하나님이 정의하시는 악한 것이 다름을 알게 된다. 나는 남에게 해를 끼치는 행동을 악한 것이라고 생각했다. 그러나 하나님은 우리가 해야 할 일을 하지 않는 것을 악하다고 하신다. 하나님께 임무를 받은 사람이 그 임무를 수행하지 않는 것을 악하다고 말씀하신 것이다. 바꿔 말하면 이익을 남겨야 할 종이 이익을 남기지 않은 것을 악하다고 보셨다. 또 면제년이 가까이 왔다고 궁핍한 형제에게 아무것도 주지 않는 것도 죄라고 하셨다.

그러면 왜 우리가 해야 할 일을 하지 않은 것을 두고 하나님이 악하다고 하셨을까? 하나님은 우리 각자를 특별한 목적을 가지고 창조하셨다. 그런데 그 목적에 맞지 않게 살아가는 것은 하나님 보시기에 창조의 낭비가 아닐까? 만약 그렇다면 창조의 낭비는 하나님이 보실 때 악한 것이 되는 것이다. 우리는 편하게 잘 살다가 구원 받고 천국에 가기 위해 이 세상에 온 것이 아니다. 우리는 무언가를 하기 위해 이 세상에 보냄을 받았다.

우리는 선한 영향력을 우리 이웃에게 행사해야 한다. 이것이 비즈니스 선교의 시작이다. 아니 일반 선교의 시작이다. 사람마다 교회에 출석하기 시작한 동기는 다르겠지만, 나는 고등학교 시절 친구가 좋아서 친구 따라 교회에 다니기 시작했다. 나는 그 친구같이 되고 싶었다. 요사이 왜 선교가 어렵나? 기독교인이 다른 사람들과 다르지 않기 때문이다. 일반 사람들에게는 때때로 더 이기적이라고 느껴지기 때문이다.

송이버섯 철에 기독교인이 아닌 사람이 내가 일하고 있는 원주민 마을을 방문했다. 일주일 동안 함께 지내면서 많은 이야기를 나누었다. 며칠이 지나자 그는 내게 이상한 말을 했다.

"장로님은 기독교인 같지 않아요."

그것이 칭찬이라는 사실을 한참 후에야 알게 되었다. 그가 경험했던 기독교인은 말하기를 좋아하고 말과 행동이 다른 사람이었기 때문이다.

그러면 비즈니스를 하면서 선한 영향력을 행사하기 위해 어떻게 해야 할까? 비즈니스를 바르게 하기 위해서는 회사의 핵심가치를 정할 필요가 있다. 비즈니스 초기에 핵심가치부터 결정한다는 것은 쉽지 않다. 또 그것이 없다 해도 얼마든지 사업을 시작할 수 있다. 그러나 사업을 하는 과정에서 핵심가치에 대해서 끊임없이 고민해야 한다. 그렇지 않으면 옆길로 빠질 가능성이 매우 높기 때문이다. 돈(맘몬; Mammon)은 하나님과 대적할 정도로 엄청난 힘을 가지고 있다.

긱섬은 세 가지의 핵심가치를 두고 있다. 약자로 'ISI'다. 첫 번째는 '정직(integrity)'이다. 두 번째는 '나눔(sharing)'이며, 마지막은 '자립(independency)'이다. 이 세 가지 핵심가치는 우리가 선한 영향력을 선교 대상인 원주민들에게 어떻게 행사해야 하는지를 잘 보여준다.

핵심가치 1 :
정직

정직이란 남을 속이지 않는 것이 아니다. 안 해도 되는 일을 하는 것이다. 정직이란 나만 알고 있고 상대방이 모르고 있는 것을 상대방의 입장에서 해 주는 것이다. 그런데 왜 정직하지 못할까? 정직하면 손해 본다는 생각이 있기 때문이다. 사실상 손해 맞다. 손해 보지 않고 정직하게 비즈니스를 하는 방법은 없다. 만약 그런 방법이 있다면 누가 정직하지 않겠는가! 돈이 있는 곳에 마음이 있다. 성경에서도 "네 보물(돈) 있는 그 곳에는 네 마음도 있느니라"고 말씀하신다. 즉 손해를 본다는 것은 마음을 준다는 것과 같다.

그런데 마음을 받은 사람은 언젠가 그 마음을 돌려주게 되어 있다. 그리고 가능한 많이 돌려주고 싶어 한다. 그런 면에서 장기적인 안목에서는 절대로 손해가 아니다. 헌데 정직은 가만히 있어서는 절대로 생기지 않는다. 즉 의도적으로 정직해질 필요가 있다. 예를 들면 한 달에 한 번이라도 정직하려고 애쓰는 것이다. 상대방은 모르지만 나만 알고 있는 것을 금전적으로 보상해 주는 것처럼 말이다.

이 정직의 원리는 이전 회사인 이미지솔루션스를 운영하면서 뼈에 사무치도록 깨달은 원리다. 물론 원주민 마을에서 긱섬을 설립하고 운영하면서도 더욱 그렇다.

노력은 덧셈, 정직은 곱셈

노력이 덧셈이라면 정직은 곱셈이다. 아무리 큰 숫자라도 영을 곱하면 영이다. 즉 그 동안 아무리 열심히 일해서 쌓아 놓은 것이 있다고 해도 정직하지 않으면 한 순간에 무너질 수 있다는 말이다. 반대로 정직은 몇 배의 결과로 되돌려준다.

실수는 마이너스다. 그런데 이 마이너스인 실수를 만회하기 위해 많은 사람들은 노력이라는 덧셈을 사용한다. 하지만 마이너스를 회복하는 다른 방법이 있다. 덧셈이 아닌 곱셈을 사용하는 것이다. 마이너스에 마이너스를 곱하면 플러스가 된다. 이 곱셈은 바로 정직이라는 방법이다. 즉 실수를 했을 때 역으로 치는 것이다. 실수라는 손해를 숨기려고 하지 말고 역으로 상대방에게 미리 알려서 물질적으로 더 손해를 보는 것이다. 이 정직한 손해가 상대방을 무방비 상태로 만들고 궁극적으로 마이너스를 플러스로 만들어 준다.

정직한 납세로도 부해질 수 있다

1992년에 설립한 회사가 어려운 위기를 극복하고 이윤을 창출하면서 세금 문제로 고민하게 되었다. 세금을 곧이곧대로 납부하다가는 사업에서 번 돈을 전부 세금으로 부어 버릴 수도 있다는 주변의 이야기를 들으면서 고민이 되었다. 당시는 회사의 소득세 비율이 30퍼센트 이상이었기 때문에 이익금의 상당 부분을 납세해야 하는 큰 부담이 있었다. 세무사였던 친구는 수입을 전액 보고하지 않는 여러 가지 방법이 있다고 알려 주었다.

나는 '하나님의 방법으로 사업한다는 것은 무엇일까?'에 대해 깊이 생각해 보았다. 그리고 섬기던 교회의 목사님에게 내 고민

손해 보지 않고
정직하게 비즈니스를 하는 방법은 없다.

에 대해 의견을 물었다. 목사님은 창세기 23장의 말씀으로 내게 권면해 주었다. 아브라함은 아내 사라가 죽자 헷 족속에게 아내의 장지로 에브론 땅을 팔 것을 권했다. 이에 에브론이 땅을 무상으로 주겠다고 했지만 아브라함이 정당한 대가를 주고 사서 자신의 영구적인 소유로 만든 사건이었다.

"정당하게 세금을 내면서 축적한 부가 진정한 의미의 부가 아닐까요?"

목사님의 권면 이후로 나는 정직하게 사업하기로 결심했고, 단 한 번도 탈세의 유혹에 빠지지 않을 수 있었다. 그리고 정직하게 납세 의무를 이행하면서도 물질적으로 얼마든지 부해질 수 있다는 것을 경험했다. 세금을 내지 않으면 그것이 모두 이익으로 돌아온다고 생각할 수 있다. 그러나 실제로 그 돈은 다른 형태로 빠져나가게 되어 있다. 사업을 하다 보면 직원들 월급 주고 세금 내고 나면 하나도 남는 것이 없다며 푸념을 하는 사람들이 종종 있다. 그러나 꼭 기억해야 한다. 월급 주고 세금 내는 것도 보통 일이 아니다.

원망과 시비가 없이 하라

18년간 운영해 온 회사를 매각할 때의 이야기다. 이미지솔루션스를 사려고 하는 미국 내 대기업과 구체적인 가격을 논의하고 있을 때였다. 회사를 사임한 중역 한 사람이 자신이 갖고 있던 회사의 지분을 팔고 싶다고 연락해 왔다. 나는 그가 계속 있어 주기를 원했지만 회사를 그만두었기 때문에 개인적으로 섭섭한 감정이 있었다. 하지만 그가 원하는 가격은 내가 회사를 매각해서 얻게 될 가격의 절반도 안 되는 금액이었다. 회사를 매각하는 것에 대해서는 비밀 사항이었으므로 그에게 가격에 관한 정보를 알릴 필요는 없었다. 게다가 그가 원하는 가격으로 지분을 내가 매입할 수도 있고, 나의 친척이나 지인에게 매입하도록 권할 수도 있었다. 그렇지만 그의 입장에서 생각해 보았다. 몇 달 후 자기가 받은 가격이 실제 회사를 매각한 가격의 절반도 되지 않았다는 것을 알았을 때 어떤 기분일까? 자신이 원한 것이기에 나를 원망하지는 못하겠지만 기분은 안 좋을 것이다. 그래서 자세한 상황을 이야기해 주기는 어렵지만 몇 달만 기다려 달라고 부탁했다. 그러고 나서 몇 달 후 그는 자신이 원했던 가격의 2배 이상을 받을 수 있었다.

정직을 실천해 나가는 과정

몇 년 전 겨울 차가버섯을 생산할 때의 일이다. 나는 적정 가격에 차가버섯 수매가를 정했다. 아무도 불평하지 않았다. 다른 바이어에 비해 많은 가격을 주고 있었기 때문이다. 그런데 눈이 허리춤까지 찬 숲속을 뚫고 자작나무 위로 올라가 차가버섯을 채집하는 것이 얼마나 어려운 것인지 알고 나니 가격을 올려 주고 싶었다. 그래서 차가버섯 매입 시즌 중간에 매입가를 약 30퍼센트 인상해 주었다. 그러고 나니 인상 전에 차가버섯을 채집해서 내게 판 원주민들이 생각났다. 그리고 인상 전에 판매한 모든 사람들에게도 인상분만큼 더 주었다.

정직을 지키는 일

몇 년 전 송이버섯 철에 있었던 일이다. 당연한 이야기지만 송이버섯은 생산이 수요보다 많으면 가격이 폭락한다. 그래서 가격 폭락을 막으려면 잉여분을 처리해 주어야 한다. 처음 원주민 마을에서 만난 추장이 내게 요청한 것도 송이버섯 가격의 폭락을 막아 달라는 것이었다. 그래서 생각해 낸 방법은 잉여분을 처리하기 위해 건조 송이버섯 제품을 개발해 가격 폭락을 막는 것이었다. 문제는 송이버섯을 건조하면 식감과 향이 떨어지기 때문에 제값을 받을 수 없다는 것이다. 그래서 건조용 송이의 가격과 싱싱한 송이를 매입할 때의 수매 가격이 다르다. 대략 30퍼센트 정도의 가격차가 난다.

그날은 캐나다의 공휴일이라 대부분의 바이어들이 송이버섯 매입을 하지 않았다. 나도 별다른 주문이 없는 상태라 매입을 하지 않고 있었다. 그런데 원주민 한 분이 밤늦게 찾아왔다. 모든 바이어가 문을 닫았기 때문이었다. 안타까운 생각이 들어 건조용 송이 매입가로 가져온 송이를 모두 매입해 주었다. 그 원주민은 너무 고마워했다. 그런데 갑자기 긱섬으로 싱싱한 송이 주문이 들어왔다. 건조용으로 산 물량을 싱싱한 송이로 팔 수 있게 된 것이다. 내게 송이를 판 원주민은 이 사실을 알 리가 없다. 게다가 그는 자신이 가져온 송이버섯을 구매해 준 것만으로도 감사해 하며 돌아갔다.

하지만 그것은 긱섬이 이곳에 존재해야 할 이유인 '정직'을 지키는 일이 아니었다. 그래서 다시 그 원주민을 불러 30퍼센트의 가격을 더 쳐서 100달러를 추가 지급했다. 그 원주민은 눈물을 보였다. 그런데 그 원주민이 다음 해 송이버섯 철에 송이 매입에 많은 도움을 주었다. 다른 원주민들의 바람잡이 역할을 해서 좋은 송이를 많이 매입할 수 있게 해 준 것이다.

속셈까지 정직해야 한다

우리는 사람에게만 정직한 것이 아니라 하나님 앞에서도 정직해야 하다. 그러면 사람 앞에 정직한 것과 하나님 앞에 정직한 것은 무엇이 다를까? 우리는 사람의 속마음을 잘 모른다. 그런데 하나님은 우리의 속마음을 너무도 잘 아신다. 또한 우리는 사람의 숨은 의도를 알 수 없지만, 하나님은 우리의 숨은 의도를 잘 알고 계신다. 그러므로 하나님 앞에 정직하다는 것은 우리의 숨은 의도까지 정직하다는 말이다. 즉 꼼수가 없다는 것이다. 캐나다 원주민들을 점령한 백인들은 하나님께 정직하지 못했다. 그들은 의도를 숨긴 채 원주민들에게 무료로 돈을 주었다. 그렇게 무료로 나누어 준 돈이 원주민들을 무기력하게 만들고 말았다. 하지만 나는 하나님께 정직하려고 한다. 그분 앞에서는 나의 속셈까지도 정직하려고 한다.

하나님의 녹화 버튼

어떻게 하면 정직한 삶을 살아갈 수 있을까? 원주민 마을에 있는 우리 집에는 보안을 위해 CCTV가 설치되어 있다. 네 대의 카메라가 24시간 녹화를 하고 있으며, 그 중 한 대는 집안에 있다. 그래서 집안에 있는 카메라는 나의 일상생활을 모두 녹화한다. 그런데 어느 순간 그것이 불편하게 느껴졌다. 그 카메라가 없다면 나 혼자 있을 때는 옷을 입지 않고 지낼 수도 있을 텐데 녹화가 된다고 생각하니 몹시 불편하고 여러모로 조심하게 된다.

이 일을 통해 나의 모든 일상이 녹화된다고 생각한다면 평소 나의 행동도 달라질 수 있다는 생각이 들었다. 하나님이 우리의 삶을 일일이 녹화하고 계신다고 생각해 보면 우리의 행동은 지금과 같지 않을 것이다. 하나님이 내 삶을 항상 지켜보고 계신다고 느끼면서 살아갈 때 우리는 정직할 수 있다. 게다가 불편하면 집안의 CCTV는 녹화 버튼은 꺼 버리면 그만이지만 하나님의 녹화 버튼은 내가 끌 수도 없지 않는가?

선교의 문이 닫히는 이유

최근 많은 나라에서 선교사를 추방하고 있고, 선교의 문이 닫

잘 나누어 주는 것은 정말 쉽지 않다.
잘못하면 돈을 잃고 사람마저 잃어버리게 된다.

히고 있다는 소식이 들린다. 이것을 두고 선교에 대한 핍박이라고 말하는 사람들이 있다. 하지만 우리는 선교사를 추방하는 나라들의 입장에서 생각해 보아야 한다. 그리고 그 이유가 우리에게 있지 않은지 깊이 자숙해 볼 필요가 있다. 그러기 위해서는 한국 사람들 중에서 무슬림을 추방하려는 사람들이 왜 그런 생각을 하는지 이해하는 것도 도움이 될 것이다. 그 이유는 부정직성에 있다. 숨은 의도를 가지고 입국해 원래 한다고 한 일은 하지 않고 숨겨진 일을 뒤에서 하고 있다는 것을 알았기 때문이다.

우리의 부정직성이 선교의 문을 닫는 원인이 되었다면 다시 그 문을 여는 방법도 알 수 있을 것이다. 선교의 문을 다시 여는 키는 정직성이다. 그런 의미에서 선한 영향력을 기본으로 하는 BAM은 닫혀 가는 선교의 문을 여는 데 매우 중요한 역할을 할 수 있을 것이다. 명심해야 할 것은 BAM을 한다고 하면서 이 정직성을 가볍게 여긴다면 실수는 반복될 것이다.

약해도 된다

처음 고사리를 생산한 후 고사리 판매를 위해 LA를 방문했다. 친구와 저녁을 먹고 나서 커피 한 잔 하려고 근처 커피숍으로 옮기기로 했다. 그런데 반대편에서 오는 차를 피하려다가 길가에 주차 되어 있는 차를 슬쩍 긁어 버리고 말았다. 거리는 어두웠고 아무도 본 사람이 없었다. 그런데 친구는 출발하고 있었다. 나 또한 사고 현장에서 빨리 도망가고 싶어서 서둘러 떠났다. 커피숍에 도착해 커피를 마시는데 영 커피 맛이 나질 않았다. 그래서 커피를 마신 후 바로 사고를 낸 곳으로 돌아갔다. 다행히 차는 여전히 그곳에 있었다. 나의 이름과 전화번호를 차에 남기고 호텔로 돌아왔다. 약 한 시간 후 전화가 왔다. 한국 사람이었다. 그분은 오히려 나에게 고맙다는 말을 건넸다. 내가 도망을 시도한 것도 모르고 말이다. 정비소 견적에 나온 금액에다 차 수리 때문에 허비한 시간을 고려하여 충분한 돈을 보내 드렸다. 나중에 다시 사고가 났던 곳을 방문할 기회가 있어서 사고 때문에 연락했던 분을 만났다. 그 자리에서 내 소개를 하면서 원주민들을 위해 고사리 판매를 한다고 했더니 고사리를 사고 싶다고 해서 고사리까지 팔았다.

또 한 번은 원주민 마을 근처의 가게에 필요한 물건을 사러 갔을 때다. 그런데 실수로 물건을 떨어뜨려서 깨트리고 말았다. 아무도 본 사람이 없었기에 깨진 물건을 다시 올려놓고 모른 척하면서 자리를 피했다. 계산대에서 계산을 하려는데 마음에 걸렸다. 아무도 보지 않았다는 생각과 동시에 하나님이 보셨다는 생각이 마음속에서 싸우고 있었다. 실수를 해서 깨트렸다고 점원에게 말하려고 하는 마음이 생기는데, 동시에 한쪽에서는 '깨트렸을 때 하지 않고 왜 지금 하려고 해? 그냥 모른 척해 버려'라는 생각이 교차했다. 그러면 그럴수록 '하나님이 보셨는데 왜 모른 척하려는 거야. 지금이라도 솔직히 고백해. 그렇지 않으면 평생 고민할 거야'라는 소리가 더 크게 들리는 것이었

4장 | 선한 영향력

다. 그래서 계산대에서 점원에게 잠깐만 기다려 달라고 부탁하고 깨진 물건을 가지고 왔다. 내가 실수로 떨어뜨려 깨트렸는데 제값에 구매하겠다고 말했다. 그랬더니 점원은 필요하지도 않은 물건을 군이 사지 않아도 된다고 하면서 깨지는 물건이 생기는 경우가 많으니 걱정하지 말라고 말하는 게 아닌가! 그리고 깨진 곳에서 나오는 액체가 눈에 들어가면 안 좋으니 손을 잘 씻으라고 친절하게 안내해 주었다. 그 후 우리는 좋은 친구가 되었다.

우리는 하나님의 일을 하기 위해 강하지 않아도 된다. 물론 나도 강하지 않다. 나는 아직도 실수를 한다. 계획대로 되지 않은 적도 많았다. 계획대로 되지 않았기 때문에 오히려 더 잘될 때도 많았다. 내가 약함에도 불구하고 하나님은 나를 사용하셨다. 내가 강해서가 아니라 오히려 약해서 하나님이 나와 함께하셨다. 그러므로 앞으로의 삶도 강할 필요가 없다고 생각한다. 완벽할 필요가 없다. 어찌 보면 완벽하려고 하는 것이 리더십의 가장 큰 장애물임을 알아야 한다. 내가 계속 약할지라도 하나님은 나를 사용하실 것이다. 도리어 내가 약해져야만 사용하실 것이다. 내가 강하다고 생각하는 순간 하나님은 나를 떠나실 수도 있다. 정리하자면 우리는 완벽하지 않아도, 실수를 많이 해도 괜찮다. 다만 한 가지, 하나님 앞에 정직하자. 하나님 앞에 정직하다는 것은 늘 하나님이 지금도 나를 보고 계신다고 생각하면서 살아갈 때 가능한 것이다.

흔들리는 마음

차가버섯을 매입하면서 마음이 두 번 크게 흔들린 적이 있다. 첫 번째 흔들림은 차가버섯을 매입하는데 무게가 가벼웠을 때였다. 차가버섯이 가볍다는 것은 죽은 나무에서 땄을 가능성이 크다. 물론 그들이 고생한 것을 생각하면 사 주고 싶었다. 하지만 그렇게 한다면 그것은 고객을 속이는 것이다. 그럴 수 없었기에 곧 마음을 바로잡았다. 두 번째 흔들림은 앞 이야기에 이어서 일어났다. 그들이 가고 나서 가벼운 차가버섯을 쪼개 보니 제법 품질이 좋았다. 버리기에는 아깝다는 생각이 들었다. 일반 상품과 섞을까? 그럴 수 없었다. 하나님이 보고 계시기 때문이다. 다시 마음을 바로잡았다. 이런 흔들림은 아마 영원히 끝나지 않을 것 같다. 내가 머리를 굴리는 한….

핵심가치 2 :
나눔

"돈 벌어서 남 주나?"라는 속담이 있다. 돈 벌어서 남 줄 일 없으니 열심히 일하라는 속담이다. 그러나 기독교인은 돈 벌어서 남 주는 사람들이다. 남 주기 위해서 돈 버는 사람들이다. 반찬이 많을 때 젓가락이 어디로 가는지를 보면 그 사람이 무엇을 좋아하는지 알 수 있다. 마찬가지로 하나님이 좋아하시는 것을 어떻게 알 수 있을까? 하나님의 젓가락이 어디로 가는지를 보면 알 수 있다. 하나님의 젓가락이 가는 곳을 알려면 성경을 자세히 보면 된다. 성경을 보면 하나님은 고아와 과부에 대해 관심이 참 많으시다. 즉 약자들에게 관심이 많으시다.

그런 하나님의 마음을 알았으니 약자들을 돕는 것은 내가 반드시 해야 할 일이다. 반드시 해야 할 일이라는 것은 나눔의 삶을 하게 되면 좋은 일이 아니라 하지 않으면 죄가 되는 것임을 의미하는 것이다.

나누지 못하는 이유

나눔이 하나님께서 원하시는 삶이라는 걸 알면서도 실제로 나누는 삶을 살기란 쉽지 않다. 성공이 나의 피와 땀으로 이루어졌다고 생각하기 때문이다. 나는 회사를 매각해서 제법 많은 돈을 벌었다. 그래서 나의 피와 땀은 과연 몇 퍼센트나 되는지 계산해 보았다. 먼저 내가 경영하던 회사를 인수한 회사에서는 얼마의 가치로 회사를 평가했는지 계산해 보고, 각 분야에서 내가 직접적으로 공헌한 부분을 계산해 보았다. 그 결과, 내가 회사에 공헌한 총 합계는 36.5퍼센트였다. 36.5퍼센트만 실제로 내가 소유할 만한 가치가 있고, 나머지 2/3는 내가 한 것이 아니라는 결론에 도달했다. 그러면 나머지 2/3는 어떻게 얻어진 결과일까? 그것은 나의 계획이나 의지와는 상관없이 다른 결과로 인해 얻어진 것이었다. 나의 의사와 상관없이 얻어진 소득에 대해서 나는 소유주가 아니라 그저 청지기일 뿐이다.

그리고 내 것이니까 나누기가 어렵지, 내 것이 아닌 것을 나누는 것은 어렵지 않다. 긱섬을 시작하면서 미국과 캐나다를 자주 오고 간다. 그런데 캐나다와 미국은 국제선이 아닌 국내선처럼 취급되기 때문에 비행기 내에서 음식을 사 먹어야 한다. 얼마 전 캐나다에서 돌아오는 길에 샌드위치를 사려고 했더니 밖에서 5달러 하는 것을 기내에서는 9달러에 팔고 있었다. 망설이다가 결국 사 먹지 못했다. 내 돈이기 때문이었다. 내 돈이 아니었다면 아무 고민 없이 사 먹었을지도 모른다. 그런데 내가 설립한 그레이스 채리티 재단에서는 수천만 원짜리 수표를 눈 하나 깜짝하지 않고 끊는다. 그 돈이 더 이상 내 것이라고 생각하지 않기 때문이다.

나눔은 쉽지 않다

분명한 것은 그리스도인에게 있어서 나눔은 선택이 아닌 반드시 해야 할 일이라는 점이다. 하지만 나눔을 할 때에는 매우 조심해야 한다. 잘못 도와주면 의존도만 높여 주기 때문이다. 원주민들이 왜 지금과 같은 상태가 되었을까? 몇 가지 이유가 있지만 가장 큰 이유는 정부에서 매달 조금씩 공짜로 준 돈이 그들을 무기력하게 만들었기 때문이다. 무기력하게 만드는 방법은 간단하다. 공짜로 주면 된다. 이것을 깨닫고 난 이후로 원주민들을 돕는 방법을 바꾸었다. 이제는 무조건 도와주지 않는다. 도와주되 장기적인 안목에서 도움을 주려고 노력한다.

때때로 우리는 나 자신을 위해 남을 도울 때가 있다. 내가 좋은 사람이라는 것을 자위하기 위해 도움을 주게 된다. 그런데 잘못하면 그것이 도움을 받는 사람을 더욱 의존적으로 만들 수 있음을 기억해야 한다. 원주민 마을에 처음 가 보면 동네에 빈 깡통과 봉투들이 여기저기 흩어져 있다. 그것을 보고 청소해 주려는 사람들이 있다. 그러면 나는 청소하려는 사람들에게 제발 청소하지 말라고 부탁한다. 원주민들은 시간이 많고, 그들의 손으로도 충분히 할 수 있는 일이다. 그런 그들이 외지에서 온 사람들이 청소하는 것을 보고 좋아할 줄 아는가? 결코 그렇지 않다.

잘 나누어 주는 것은 정말 쉽지 않다. 잘못하면 돈을 잃고 사람마저 잃어버리게 된다. 게다가 의존도만 높여서 오히려 독이 되는 것을 수없이 경험했다. 받는 사람들은 처음에는 고맙게 여길지 모른다. 그러나 그 다음에는 기대하게 되고, 그 다음부터는 받는 것을 당연한 것으로 여기게 되고, 그 후로는 도리어 불평하게 된다. 나누지 말자는 것이 아니다. 나눔이라는 것이 그저 돈을 주고 마는 것이 아니라는 것이다.

공정한 나눔

가능한 한 빌려주는 것은 피하는 게 좋다. 빌려줄 때에는 받을 가능성을 충분히 검토해야 한다. BAM의 장점은 일거리를 제공해 줌으로써 빚을 갚을 수 있는 기회를 제공하는 것이다.

기부는 가능한 한 개인이 하기보다 그룹에서 하는 것이 바람직하다. 개인이 하는 것이 알려지면 많은 사람들의 개인적인 요청이 들어올 때 가부의 결정이 어렵다. 긱섬은 기부 요청이 들어오면 원주민 두 명을 포함한 위원회에서 가부 여부와 금액을 결정한다. 그리고 기부와 동시에 기부 내용을 공개적으로 알리게 한다. 가장 큰 이유는 기부금이 기부 목적에 맞게 제대로 사용되도록 하기 위해서다. 긱섬은 현재 마을에서의 졸업식 축하 파티, 아동을 위한 성탄절 선물 행사, 스포츠팀 후원, 마을 행사 등에 기부하고 있다.

포기하니 얻어지는 삶

세상의 모든 일에는 때가 있다. 시작할 때가 있고 마칠 때가 있다.
오래 전 회사 일에만 몰두하던 시절에 신학교와 교단에 관하여 아무
것도 모르는 상태에서 프린스턴 신학교의 이사직을 맡게 되었다. 그
리고 한국과 한국 교회에 대해 별 관심도 없던 학교를 위해 무언가
해보려고 노력했다. 한참의 시간이 지난 지금 프린스턴 신학교는 한
국에 살고 있는 학생에게 목회학 석사 과정의 문을 열었다. 그리고
장로회신학대학교 및 연세대학교와 교류를 시작하게 되었다.

하지만 그렇게 열심히 해 오던 이사직의 사임을 결정하게 되었
다. 사임을 결정한 가장 큰 이유는 원주민 사역에 집중하기 위해서였
다. 연간 3회의 이사회 중 두 번이 고사리 철과 송이버섯 철에 열려
서 참석에 어려움이 있었다. 또 한 가지 고민은 원주민 사역과 신학
교 이사직을 통해 만나는 사람들의 차이 때문이었다. 한 그룹은 엘리
트 그룹이고, 또 한 그룹은 도움을 절실히 필요로 하는 그룹이었다.

내가 그 둘 중 하나를 선택해야 한다는 것을 깨달았다. 그런 생각을 하다 보니 주연이 아니라 조연도 매우 중요한 일이라는 생각이 들었다. 다만 이사직 사임을 결정하는 데 한 가지 장애물이 있었다. 지금까지 프린스턴 신학교의 이사라는 직함을 이용해 긱섬의 상품을 팔았는데, 이제 그 일이 어려워지지 않을까 하는 염려였다. 한편으로는 그것도 기득권일 수 있겠다고 생각했다. 그래서 그것마저 포기하기로 했다. 배수진을 치기로 결정한 것이다. 그것 없이도 성공해야 지속 가능한 비즈니스 선교의 모델이 될 수 있을 것이다.

그런데 이사직을 사임하고도 여전히 긱섬은 성장하고 있다. 하나님은 당신의 일을 하신다는 것을 또 한 번 깨닫게 된다. 캐나다 원주민들을 선택하고, 긱섬에 좀 더 집중하고, 만나는 사람들이 달라져도 하나님은 하나님의 일을 하신다. 그리고 그 속에서 나는 너무도 많은 것을 배우고 있다. 감사하고 또 감사할 뿐이다.

선교적 삶이란?

선교적 삶을 살아간다는 것은 어떤 삶일까? 시간이 날 때마다 이웃에게 전도하면서 살아간다는 이야기일까? 단기선교에 열심을 낸다는 말일까? 선교사가 된다는 말일까? 아니다. 선교적 삶을 살아간다는 것은 삶 자체가 선교가 되는 삶을 의미한다. 한 사람의 삶을 보고 '저런 것이 그리스도인의 삶이구나'라는 생각이 들게 만드는 것, '나도 저런 삶을 살아가고 싶다'라는 생각이 들게 하는 삶이 선교적 삶이다. 그러므로 선교적 삶은 교회에서 일어나는 것이 아니라 일상의 삶에서 일어나는 것이다. 성공을 통해서만 일어나는 것이 아니라 실패의 삶을 통해서도 일어날 수 있는 것이 선교적 삶이다. 실패에도 잘 실패하는 것과 잘못 실패하는 것이 있기 때문이다.

선교적 삶이란 하나님이 통치하시는 삶이다. 하나님이 통치하시는 삶이란 하나님이 나의 삶 구석구석에 존재하심을 체험하는 삶이다. 교회는 다니지만 하나님이 보고 계신다는 것을 인식하지 않고 살아갈 수 있다. 그처럼 하나님을 알라딘의 요술 램프 속 요정 지니처럼 내가 필요할 때만 이용하는 삶은 선교적 삶이 아니다. 기도를 하더라도 하나님의 입장은 생각하지 않고 내가 필요한 것만 요구하는 것도 선교적 삶이 아니다. 선교적 삶이란 성공을 했는데도 성공이 나의 노력의 결과가 아님을 인식하고 나누는 삶이다. 선교적 삶이란 실패했는데도 좌절하지 않고 실패를 통해서 배우고 조용히 앞으로 나아가는 삶이다. 선교적 삶이란 욥과 같이 고통 속에 있을 때 하나님께 호소하는 삶이다. 선교적 삶이란 때로는 하나님으로부터 팽개침을 당했다는 생각이 들지라도 묵묵히 살아가는 삶이다.

교회에서의 삶과 일상에서의 삶이 다른 삶은 선교적 삶이 아니다. 다시 말해 교회에서의 생활이 기쁘면 일상에서의 삶도 기뻐야 한다. 마찬가지로 교회에서 열심히 일하는 사람은 회사에서도 열심히 일해야 한다. 즉 비즈니스 선교는 비즈니스를 통해 선교지에서 선교적인 삶을 살아가는 것이다.

213

핵심가치 3 :
자립

선한 영향력을 행사하는 세 번째 방법은 자립이다.

한국에 처음 복음이 들어왔을 때 선교가 성공한 배후에는 선교사들이 자립을 근거로 한 삼자(자전, 자치, 자급) 원칙이 있었다. 일방적으로 퍼주기만 하는 선교는 성공할 수 없다. 그런데 현재의 선교는 퍼주는 선교를 할 수밖에 없는 상황으로 보인다. 후원하는 교회가 가시적인 결과를 요구하기 때문이다. 그러다 보니 후원금으로 교회 건물을 짓고 사람 모으기를 시도한다. 하지만 이런 선교는 실패하기 쉽다. 선교지의 원주민들 스스로 교회 건물을 짓고, 그들에게서 목사가 나와야 하고, 그들 스스로 전도하도록 만들어 주어야 한다. 비즈니스 선교는 경제적 자립을 할 수 있도록 발판을 제공해 주려고 한다. 외부의 경제적인 지원 없이도 교회를 운영할 수 있으므로 가시적인 효과를 외부에 보여줄 필요가 없다.

사실 내게는 자립이 가장 어려운 일이다. 나는 개인 소유의 회사를 설립하긴 했지만 선교를 하기 위해 설립하지는 않았다. 오직 원주민 회사를 만들어 주기 위해 이 일을 시작했다. 그래서 긱섬을 원주민에 의한, 원주민을 위한, 원주민 회사로 만드는 것이 나의 목표다. 그 이유는 캐나다가 다른 선교지와 조금 다르기 때문이다. 대부분 원주민들의 문제는 상대적인 결핍에서 오는 것이다. 원주민들은 캐나다라는 선진국 내에서 고립된 생활을 하는 사람들이다. 그들에게 자존감을 심어 주는 것, 그들 스스로 할 수 있게 하는 것은 무엇보다 중요하다.

처음에는 원주민들의 자립에 대해 너무 가볍게 생각했다. 하지만 이것이 내게 가장 큰 숙제가 되었다. 자립 문제 때문에 긱섬의 처음 7년 계획을 20년으로 바꾸게 되었다. 긱섬을 시작한 지 7년이 지난 현재, 회사는 흑자로 돌아섰고 원주민들과의 관계도 좋아졌다. 그런데 자립의 관점에서 보면 아직 제대로 시작도 못한 상태이다. 자립에서 중요하다고 생각하는 것은 리더십과 소유권 이전이다. 이 두 가지 문제를 해결하는 데에는 생각보다 시간이 오래 걸리고 쉽지도 않다.

원주민 사장을 만드는 일

'리더십 이전'이란 원주민 사장을 만드는 일이다. 지금까지 원주민 사장을 만들려고 3명에게 시도했는데 모두 실패했다. 이제 회사에서 일할 일꾼은 찾을 수 있다. 그런데 주인의식을 가진 주인이 될 만한 사람을 찾는 것은 또 다른 문제이다. 주어진 일만 열심히 하는 일꾼은 많지만 생각하면서 일하는 사람은 구하기 쉽지 않다. 주인과 일꾼에게 차이가 있다면 일꾼은 생각하지 않으면서 시키는 일만 하고 주인은 생각하면서 일한다는 것이다.

원주민 마을에서 능력 있는 사람들은 대부분 마을을 떠나 도시에 정착한다. 그런데 능력이 있어도 원주민 마을을 떠나지 못하는 사람들이 있는데, 그 사람들 중에서 주인이 될 가능성이 있는 사람을 찾아내고 훈련시켜서 사장이 되도록 만들어야 한다. 능력 있는 사람이 원주민 마을을 떠나는 가장 큰 이유는 마을에서는 자기의 능력을 발휘할 만한 직업이 없기 때문이다. 만약 원

긱섬을 원주민에 의한, 원주민을 위한,
원주민 회사로 만드는 것이 목표다.

주민 마을 근처에 좋은 회사가 있다면 굳이 마을을 떠날 이유가 없다. 도시에서 이미 적응한 능력 있는 사람이라도 다시 마을로 되돌아와서 회사를 이끌 수 있다고 생각한다. 그러기 위해서는 좋은 회사를 세워야 한다. 그러다 보면 사장으로 세우기에 합당한 사람을 찾을 수 있을 것이다.

피와 땀으로 얻는 소유권

자립의 또 다른 과제는 소유권의 이전이다. 회사를 시작할 때 20만 달러를 투자하면서 회사 지분의 80퍼센트를 소유했다. 그리고 원주민 2명에게 무료로 각각 10퍼센트씩 지분을 주었다. 그들의 지원이 필요했기 때문이다. 이 중에는 마을의 추장도 포함되어 있다. 현재는 추장이 지분의 15퍼센트를 소유하고 있고, 중간에 해고된 매니저가 5퍼센트를 소유하고 있다. 나는 내 지분의 대부분을 점진적으로 원주민들에게 이양할 생각이다. 하지만 절대로 무료로 주지 않고 노력의 결과로 얻게 할 것이다. 첫 번째 방법은 그들로 하여금 내가 초기에 투자한 가격에 사게 하는 것이다. 또 다른 방법은 주식을 성과급 보너스로 주는 것이다. 그들의 피와 땀이 없는 소유는 진정한 소유가 아니기 때문이다.

자립 선교의 방법

대부분의 선교가 후원으로 이루어진다. 후원에 의존하는 선교를 하다 보면 조급해지기 마련이다. 무언가 결과를 내서 보여 주지 못하면 후원이 중단될 수 있기 때문이다. 이 조급성이 공격적인 선교를 낳고 정직하지 못한 선교를 만든다. 비즈니스 선교는 자립 선교를 할 수 있는 대단히 좋은 방법이다. 선교를 위해서는 두 가지 큰 재정적 후원이 필요하다. 하나는 선교사의 생활비이고, 또 하나는 교회 운영비이다. 긱섬의 경우 교회 운영비는 회사의 이익금 20퍼센트로 충당한다. 선교사 생활비는 사도 바울이 해 온 것처럼 자비량으로 하려고 한다. 비즈니스가 그 일거리를 제공해 줄 것이다. 선교사 자신이 원주민들과 같이 일을 하고 회사도 관리하면서 생활비를 외부에 의존하지 않고 스스로 충당하는 것이다.

미래를 생각해 주는 사람

이곳 캐나다 원주민 마을의 송이버섯은 시즌에 따라 매입 가격이 오르락내리락한다. 한국의 명절을 앞두고 채소나 과일 가격이 폭등하는 것과 크게 다르지 않다. 송이버섯 수요가 많은 시즌인데 자연산 송이버섯의 수확이 적으면 당연히 가격은 폭등한다. 그러나 시즌이 지나고 수요가 적은데 송이버섯이 많이 수확되면 가격 폭락이 시작된다.

긱섬에게는 다른 비즈니스 기업과 달리 두 종류의 고객이 있다. 한 고객은 가격 폭락을 좋아하는 고객이고, 한 고객은 가격 폭등을 좋아하는 고객이다. 가격 폭락을 좋아하는 고객은 긱섬에서 송이버섯을 구입하는 바이어이고, 가격 폭등을 좋아하는 고객은 송이버섯을 직접 채집하는 원주민들이다. 그 사이에서 늘 고민이 발생한다.

얼마 전 송이버섯 가격이 폭등할 때이다. 긱섬과 거래하는 바이어는 폭등한 가격과 소비자 가격을 맞추느라 이익을 보지 못했다. 긱섬 또

한 이익을 보지 못했다. 그런데 때마침 가격 폭락이 시작되었다. 바이어도, 긱섬도 이제 돈을 벌어야 할 시기가 온 것이다. 하지만 이 시점에서 나는 다른 고객인 원주민들을 생각하지 않을 수 없었다.

그날 나는 원주민들이 자주 사용하는 페이스북 커뮤니티에 공지 글을 올렸다. 송이버섯 가격이 내가 생각했던 폭락 가격의 마지노선에 거의 왔다는 사실과 만약 이 이하로 떨어지면 긱섬은 가격 보호를 위해 송이버섯 건조를 시작한다는 내용이었다. 그리고 만약 마지노선 이하로 송이버섯을 매입하려는 바이어가 있다면 불매(不買)운동을 전개하자는 내용이었다. 긱섬의 이익을 위해서는 도움이 되지 않는 결정이었다. 긱섬은 송이버섯의 매입 가격이 폭락하면 이익을 보는 구조이기 때문이다. 원주민 가운데 한 사람은 댓글에서 자신들의 미래를 생각해 주는 바이어는 긱섬뿐이라고 했고, 나에게 미스터 김이라는 존칭어를 사용하면서 감사하다고 표현한 사람도 있었다. 그 전에는 나의 글에 비판적인 사람들도 더러 있었는데, 이번에는 그런 사람이 한 명도 없었다.

긱섬에게는 바이어와 원주민 모두 중요한 고객이다. 가능하면 이 둘 모두 이익을 볼 수 있어야 한다. 그런데 만약 둘 중 한 고객을 선택해야 하는 순간이 온다면 원주민을 선택할 수밖에 없다. 그것이 긱섬의 설립 목적이기 때문이다. 긱섬의 설립 목적은 돈을 버는 것 그 자체가 아닌 원주민들을 돕고 그들에게 복음이 전달되도록 하기 위함이기 때문이다.

공정무역, 결코 쉽지 않다

공정무역을 한다는 것은 참으로 쉽지 않은 일이다. 아무리 공정무역을 하려고 해도 유통 단계가 많아지면 어쩔 수 없다. 캐나다 밴쿠버에서 긱섬의 상품을 사 주는 장로님 한 분이 있다. 그분도 원주민 선교에 많은 관심을 가지고 계신 좋은 분이다. 그런데 송이버섯 철이 되면 그분이 내게 요구하는 것은 상품 가격을 내려 달라는 것이다. 비싸면 팔기 어렵다는 것이 이유다. 너무나 당연한 말이다. 그런데 나에게 가격을 내려 달라는 이야기는 원주민으로부터 구매 가격을 내리라는 말과 같다. 더 직설적으로 말하면 원주민들에게 돈을 적게 주라는 것이다.

공정무역을 하려면 가능한 유통 단계를 줄여야 한다. 그래서 최대한 생산자와 소비자가 바로 연결되도록 해 주어야 한다. 설령 어떤 사람이 원주민들을 위해 중간 유통 과정에서 무료로 봉사했다고 하자. 과연 그것이 지속 가능할까? 그 사람이 빠지는 순간 지속될 수 없게 된다.

　유통 단계를 줄이기 위해서는 원주민들이 중간 상인이 하는 일을 대신해 주어야 한다. 내가 중점을 두고 있는 일 중 하나가 바로 원주민들을 교육시켜서 소비자가 원하는 물건을 원주민 동네에서 생산하는 것이다. 그래야 원주민들에게 제값을 줄 수 있기 때문이다. 공정 무역은 선한 의도만으로는 부족하다.

5장

비즈니스와
창업

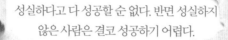

성실하다고 다 성공할 순 없다. 반면 성실하지
않은 사람은 결코 성공하기 어렵다.

창업에 필요한 조건은 무엇일까? 다시 말하면 왜 창업을 하지 못할까? 돈 때문인가, 경영 지식이 없어서인가? 아니면 사장이 되는 데 필요한 리더십이 없어서인가?

나는 30대 중반에 사업을 시작했다. 그때 가족에게 2만 달러를 빌려서 시작했다. 나의 전공은 컴퓨터공학이었는데, 사업을 시작할 당시만 해도 경영에 대한 지식이 거의 없었다. 심지어 주식과 스톡옵션에 대한 지식조차 없었고, 리더십도 별로 없는 사람이었다. 학교 다닐 때 반장 한 번 해 본 적이 없었다. 공업고등전문학교 5학년 때 반장 선거에서 친구가 나를 추천한 적이 있었다. 헌데 기분이 별로 좋지 않았다. 친구가 장난삼아 내 이름을 추천한 것으로 느껴졌기 때문이다. 나 또한 리더가 되어야겠다는 생각을 해 본 적이 거의 없었다. 그냥 주어진 일에 충실한 일꾼이 되는 것이 꿈이었다.

회사를 창업하고 나서도 나 자신을 사장이라고 부를 용기가 나지 않았다. 그래서 처음 사용한 직함이 연구개발부사장이었다. 그전 회사의 직급이 연구개발본부장이었기 때문이다. 적어도 비즈니스를 하려면 성격이 외향적이고 사교성도 있어야 한다고 생각했다. 하지만 학창 시절의 나는 매우 내성적인 성격이었다. 아마 동창들도 내가 비즈니스를 할 것이라고는 아무도 생각하지 못했을 것이다. 물론 나도 비즈니스 자질이 없다고 생각했다. 그런데 나중에 보니 나는 타고난 비즈니스맨이자 창업가였다.

이렇게 우여곡절을 겪으며 직접 경험한 창업에 대해 나누고자 한다. 교과서나 전공서적에는 없는 이야기일 것이다. 그래서 나의 경험은 정답이 될 수도 없고, 그대로 따를 필요도 없다. 하지만 비즈니스 선교를 준비하거나 창업을 하려는 사람들에게는 실제적인 도움이 될 것이라 확신한다. 이하의 내용은 이해하기 쉽게 창업 전과 창업 후로 나누어 설명하고 있지만 창업 전후로도 계속 점검하고 살펴야 할 것들이다.

창업 전에 살펴야 할 것들

일에 대한 열정

창업 전에 살펴야 할 일들이란, 창업의 조건이기도 하다. 다음은 내가 생각하는 창업의 조건들이다. 열정은 마음속에 있는 불덩어리다. 열정은 '사랑(love)'과 '분노(anger)'의 결합체다. 열정이 있으려면 그 일을 좋아해야 한다. 또 그 일에 미쳐야 한다. 퇴근 시간이 기다려진다면 당신이 그 일을 좋아하지 않는다는 반증이기도 하다. 그런데 열정은 사랑만으로는 불충분하다. 분노가 있어야 한다. 사랑만이 에너지가 아니라 분노도 에너지이기 때문이다. 그러면 분노는 언제 생기는 것일까? 그것은 꼭 이룰 것 같은 목표를 이루지 못했을 때 생기게 마련이다.

나는 골프를 매우 좋아했다. 정말로 근사한 드라이버 샷을 날린 후 머리에 버디를 그리고 있는 상태에서 스윙을 했는데 생크 (shank; 목표의 바깥쪽으로 공이 날아가는 것)가 나거나 땅치기를 하면 입에서 자연스럽게 욕이 나온다. 그런데 연습 중 생크가 났다고 해서 욕하는 사람이 있다면 정신이상자일 것이다. 왜 그럴까? 뚜렷한 목표가 없기 때문이다. 그러므로 분노의 에너지를 가지고 싶다면 뚜렷한 목표를 세워야 한다.

자신감

자기가 하려는 분야에 대해서는 자신감이 있어야 한다. 자신 감이 없으면 새로운 일에 집중할 수 없다. 만약 새로운 일을 시도했다가 실패했을 경우 취업을 걱정하게 된다면 자신감이 없다는 증거이다. 지금하고 있는 분야에서 일인자라고 생각한다면 실패한다고 해도 가족들의 입에 풀칠 못하는 일은 없을 것이다. 내가 이미지솔루션스라는 회사를 시작하기로 결심한 것은 이 자신감 때문이었다. 나는 광 파일(optical file) 분야의 컴퓨터 프로그래밍 에는 자신이 있었다. 만약 문제가 생겨도 직장은 얼마든지 잡을 수 있다고 생각했다. 원주민들을 위한 회사 긱섬을 시작할 때도 자신감이 있었다. 아무런 지식도 없으면서 말이다.

리스크 테이킹

리스크는 잘 관리해야 한다. 그러나 위험을 선택하지 않으면 결코 큰 변환점은 생기지 않는다. 이 리스크 테이킹(risk taking)에 방해가 되는 것이 있다면 너무 많이 아는 것이다. 많이 알면 두려움이 생기기 때문이다. 원래 모르면 용감한 법이다. 모든 것은 때가 있다. 이때를 놓치면 다시 오지 않을 수 있기 때문이다. 만약 내가 35세에 개인 사업을 시작하지 않았다면 기회가 다시 오지는 않을 것 같았다. 리스크를 선택하는 것과 도박을 하는 것은 다르다. 도박은 노력하지 않고 큰 것을 얻으려고 하는 것이고, 리스크 테이킹은 노력을 근본으로 한다.

배수의 진

배수의 진을 친다는 것은 무엇을 의미할까? 한 가지만 선택하는 것을 의미한다. 두 마리의 토끼를 쫓다 보면 한 마리도 잡을 수 없다. 나는 이미지솔루션스라는 회사를 창업하기로 결심한 후 일하던 회사에 그 계획을 통보했다. 그런데 회사에서는 회사

선교지의 원주민 스스로 교회 건물을 짓고,
그들에게서 목사가 니와야 하고, 그들 스스로 전도하도록 만들어 주어야 한다.

근무 시간 외에는 얼마든지 내가 하고 싶은 일을 해도 좋다고 하면서 계속 회사에서 일해 주기를 원했다. 내가 필요했기 때문이다. 그래서 당분간 두 가지를 하기로 했다. 그런데 한 가지도 집중을 할 수 없었다. 결국 할 수 없이 회사에 사표를 내게 되었다. 너무 선택할 옵션이 많다는 것은 성공의 조건이 아니다. 그래서 오히려 옵션이 없는 사람들이 성공하는 것을 쉽게 볼 수 있다. 그것 말고는 다른 일을 할 수 없기 때문에 집중할 수밖에 없다. 만약 옵션이 많다면 그 옵션을 스스로 포기하는 것이 성공하는 비법이다.

또 한 가지 배수진을 치는 방법은 가진 돈을 투자하는 것이다. 물질이 있는 곳에 마음이 있기 때문이다. 자기의 돈을 투자하는 것만큼 확실한 배수의 진은 없다. 2000년대 한국에서 벤처 붐이 일어났다. 그때 성공한 벤처회사는 별로 없다. 가장 큰 이유는 내 돈을 투자하지 않았기 때문이다. 벤처 붐이 한창일 때 대학교수로 있던 친구에 의하면 눈먼 돈이 많다고 했다. 정부기관에서 벤처를 장려하기 때문에 계획서만 잘 쓰면 돈이 나온다고 했다. 그리고 실패하더라도 큰 책임이 없다고 했다. 그 이야기를 듣는 순간 나는 근본적인 문제가 있음을 직감할 수 있었다.

그러므로 일단 자기가 가지고 있는 것을 투자해야 한다. 그
후에 추가로 필요한 것은 외부에서 투자를 받을 수 있다. 만약
정말로 돈이 없다거나 성과를 내지 못한다면 월급을 포기할 각
오로 해야 한다. 실패하더라도 물질적으로 별로 잃어버릴 것이
없다고 생각하는 순간 성공과 멀어지게 된다는 것을 잊지 말아
야 한다.

주인의식

주인의식이란 주인이 아닌 사람이 주인처럼 생각하고 주인처
럼 행동하는 것이다. 그냥 시키는 일만 잘하는 사람은 창업하면
안 된다. 주인과 일꾼의 차이가 분명한데, 일꾼은 주어진 일만 하
고 주인은 생각하면서 일한다. 또한 주인은 한 가지 일을 마치면
다음 일이 자동적으로 보이지만 일꾼에게는 보이지 않는다.

냉철한 마음

회사를 위해 필요하다면 해고도 서슴지 말아야 한다. 우유부
단한 사람은 창업을 하면 안 된다. 정에 얽매여 결정을 못하는
사람도 창업 하면 안 된다. 냉철한 마음을 갖기 위해서는 공과

사를 분명히 구분할 수 있어야 한다. 나 개인을 생각하지 않고 회사를 생각한다면 정에 이끌리지 않고 중요한 결정을 내릴 수 있게 된다.

성실함

비즈니스 성공의 키는 성실함이다. 성실하다고 다 성공할 순 없다. 반면 성실하지 않은 사람은 결코 성공하기 어렵다. 또한 성공했다고 하더라도 사라지기 쉽다. 일전에 한 청년이 찾아와 장차 비즈니스를 하고 싶은데 긱섬에서 일을 하면서 배우고 싶다고 해서 오라고 했다. 그 청년이 일하는 동안 한 달 남짓한 시간에 그의 성실함을 판단할 수 있었다. 대략 한 달 정도 같이 일해 보면 그 사람이 성실한 사람인지 아닌지 알 수 있다. 당신은 지난 한 달 동안 성실하게 일했다고 가슴에 손을 얹고 자부할 수 있겠는가?

이런 사람은 창업하지 마라

❶ 일하기 싫어하는 사람 : 직장에서 매일 퇴근 시간이 기다려지는 사람

❷ 일을 시켜 주기를 기다리는 사람 : 일이 끝나면 다음에 할 일이 무엇인지 모르는 사람

❸ 생각하지 않고 일만 하는 사람 : 주인은 생각하면서 일하고 일꾼은 생각하지 않고 시키는 일만 하는 사람이다. 일을 하다가 더 좋은 방법이 생기면 새로운 방법을 찾아야 한다. 사업에는 끝없는 개선이 있어야 한다.

❹ 한 가지 일에 집중하지 못하는 사람 : 일을 마무리하지 않고 벌려 놓기만 하는 사람. 비즈니스는 얼마나 많은 종류를 하는가가 중요한 게 아니라 한 가지라도 제대로 하는 것이 중요하다.

❺ 도망갈 궁리를 철저하게 해 놓은 사람 : 죽기 살기로 해도 쉽지 않은 일인데 도망갈 생각부터 하면 처음부터 진 게임이다. 도망

가고 싶지 않다면 내 돈을 집어넣으면 된다.

❻ 편하게 살려고 하는 사람 : 비즈니스는 절대로 편하지 않다.

❼ 개인적인 삶과 회사 일에 균형을 지키려고 하는 사람 : 비즈니스는 200퍼센트의 시간을 요구한다.

❽ 보스가 되고 싶은 사람 : 보스는 결과적으로 일어나는 일이다. 사장은 어떤 일도 할 수 있어야 한다.

위로가 되나?

삶은 자기가 원하는 대로 이루어지지 않는다. 자기가 원하는 것이 이루어지지 않을 때 어떻게 해야 할까? 기다려서 해결이 될 문제라면 기다려도 된다. 그런데 기다려서 될 일이 아니라면 움직여야 한다. 움직이지 않으면 아무 일도 일어나지 않기 때문이다.

한국의 청년 실업 문제가 매우 심각하다. 어른들이 나서서 해결해 주어야 할 심각한 구조적 문제라고 생각한다. 그렇다고 누군가 해결해 주기만 기다려서 될 문제는 아니다. 그런데 정말 일자리가 없는 것일까? 자기가 원하는 근사한 일자리가 없는 것은 아닐까? 누구나 원하는 일자리는 과연 얼마나 될까? 간단하고 단순해 보이는 일이라도 시작하는 것이 중요하다. 그 일을 시작하면 다음이 보이기 때문이다. 간단하고 단순한 일이라고 의미 없다고 생각하면 오산이다. 간단한 일도 제대로 못하는 사람은 큰일도 제대로 못하기 때문이다. 간단한 것 같은 일에도 얼마든지 생각하면서 일할 수 있기 때문이다. 의미가 없다고 생각하고 스스로 가치 없는 일이라 생각하면 아무것도 배울 수 없다. 많은 사람들이 간단한 일을 가볍게 여기고 생각 없이 일한다. 그런데 생각하면서 일하면 일이 재미있어진다. 그리고 그렇게 훈련된 사람은 복잡하고 어렵고 큰일이 주어져도 잘 감당할 수 있게 된다.

이런 이야기를 하면 청년들이 힘든 자신들을 위로해 달라고 한다. 그런데 내가 위로해 준다고 정말 위로가 되나? 내 삶을 돌아보면 위로는 남이 해 주는 것이 아니었기 때문이다. 위로는 자존감의 문제라고 생각한다. 자존감은 다른 사람에 의해 생기는 것이 아니라 나 스스로에 의해서 생기는 것이다. 작은 일에서부터 자존감을 세워 가는 훈련을 하는 것이 진정한 위로의 첫 출발이 될 것이다. 그런데 어찌 이 문제가 청년들의 문제만이겠는가? 하루 10시간씩 캐나다 원주민들과 막노동을 하는 내 문제이고, 우리 모두의 문제 아니겠는가?

창업 후에 살펴야 할 것들

유연성

창업에서 매우 필요한 것이 유연성이다. 계획하던 일이 일어나지 않고 계획하지 않았던 일이 일어나면 그곳으로 가면 된다. 방향성만 가지고 가면 된다. 어찌 보면 계획한 것이 모두 일어나는 것은 재앙이다. 왜냐하면 그 경우에 필히 따라오는 것이 교만이다. 내가 계획한 것이 다 이루어지면 반드시 교만해진다. 이것은 목사도 선교사도 예외가 아니다. 겉으로는 하나님이 하셨다고 하지만 속으로는 내가 한 것이라고 생각한다. 그래서 내가 계획한 것이 막히고 다른 일이 일어나면 그곳으로 가면 된다.

흉내 내지 않기

경영학을 섣불리 배우면 문제가 될 수 있다. 대부분의 경영학은 대기업에 초점이 맞추어져 있다. 10명인 기업이 100명인 기업을 흉내 내면 안 된다. 보통 남의 돈으로 회사를 시작하면 대기업을 흉내 내려고 한다. 사무실을 근사하게 차려 놓고 좋은 차부터 산다. 그러면 망한다. 직원들에게 많은 복지 혜택을 주는 것은 물론 해야 할 일이지만 남의 돈으로는 하지 말아야 한다. 이익이 발생한 후에 해도 늦지 않다.

나는 회사를 팔고 일 년 동안 친구가 창업한 회사의 사장을 맡은 적이 있다. 그 회사는 직원이 열 명 조금 넘는 곳으로 대부분 외부 투자를 받아서 시작한 회사였다. 친구는 나에게 피터 드러커(Peter Drucker)의 경영에 관한 책을 주면서 읽어 보라고 권했다. 그래서 친구가 빌려준 책을 읽는데, 그 책에는 친구가 밑줄을 쳐 가면서 정독한 것이 곳곳에 보였다. 그런데 문제는 '그래서?'였다. 내 눈에는 직원 열 명의 회사가 1만 명 규모의 회사를 흉내 내고 있는 것처럼 보였다. 나는 혼자서 시작해 직원 500명까지 회사를 성장시켜 본 경험이 있다. 그리고 지금은 거의 혼자서 회사를 운영한다. 혼자였을 때와, 10명일 때와, 100명일 때와, 500

명일 때가 모두 달랐다. 나는 지금 원주민 회사의 사장이지만 전에 운영하던 500명 직원의 회사를 흉내 내지는 않는다.

직접 일해야 하는 이유

긱섬에서 상품을 생산하다 보면 직접 많은 일을 하게 된다. 원주민 직원들에게 일을 시키면 될 것을 왜 직접 하는 것일까? 몸 이곳저곳에 상처를 입으면서 말이다. 이곳 긱섬에서 하는 대부분의 일들이 나로서는 처음 하는 것이다. 물론 원주민들도 잘 모르고 나도 잘 모른다. 다만 나는 그 상품이 어떻게 쓰이며 어떤 상품이 되어야 하는지에 대해서는 감각으로 잘 안다. 그래서 상품에 문제가 있으면 즉시 느낄 수 있다. 그리고 수정하려고 한다. 그런데 원주민에게는 그러한 감각이 없다. 일이 어딘가 잘못되어 가는데도 계속한다. 그래서 상품이 배달된 후에 문제가 발견되는 경우가 종종 있는데, 그 때는 이미 늦은 것이다.

몇 번 비슷한 경험을 하고 나니 먼저 내가 해 보아야 한다는 생각에 이르렀다. 그래야 상품의 질이 좋아지고 최적의 방법이 나온다. 내가 직접 일하는 또 다른 이유는 아직 초기 단계라 인력이 안정적이지 못하기 때문이다. 직원이 갑자기 아침에 못 나온다고 연락이 오면 꽤 난감하다. 그때는 내가 일을 할 수밖에 없다. 특히 한두 명이 하는 일이면 더 그렇다. 또 다른 이유로는 내가 일을 해 보아야 직원이 하는 일의 결과가 적당한지 아닌지 알 수 있다. 대부분의 사장들은 직원보다 일을 많이 한다. 그리고 더 효율적으로 일하는 것을 연구한다. 직원들은 효율성에는 큰 관심이 없기 마련이다. 또 다른 이유는 직접 일해 보면 직원의 마음을 알 수 있다. 얼마나 힘든지를 느껴 보고 월급도 가능한 후하게 주려고 노력한다. 예수님이 왜 육체의 몸을 입고 오셨는지 이해가 된다. 그 높은 곳에서는 낮은 곳이 이해가 되지 않기 때문이다. 아니 전혀 될 수 없다. 그런데 그 일은 힘만 드는 게 아니라 재미도 있다. 그래서 할 만하다.

서두르지 않기

이전에 회사를 혼자서 창업해 열 명의 직원이 되기까지 5년이 걸렸다. 그런데 열 명이 백 명으로 급증하는 데에는 불과 2년밖에 걸리지 않았다. 때와 기회가 일치하면 회사는 급성장할 수도 있다. 또 그렇게 급성장하려면 운이 좋아야 한다. 그리고 그 성장을 다시 다지기 위해 4년이라는 세월이 더 필요했다. 회사의 성

장 곡선을 자세히 보면 노력의 곡선과 결과의 곡선이 평행선을 이루지 않는다. 즉 처음에는 노력한 만큼의 결과가 나타나지 않는다. 그 간격만큼 긴장이 만들어지다가 어느 순간에 깨지게 된다. 그리고 회사도 급성장으로 이어지게 된다. 그런데 이때 큰 문제가 발생할 수도 있다. 긴장이 깨어지고 회사의 급성장이 이루어질 때 성장은 실제 노력한 것보다 더 큰 결과로 나타난다. 즉 거품이 생기는데, 이것이 사람을 교만하게 만든다. 갑자기 내가 괜찮은 사람으로 느껴지면서 전에 당연히 하던 일을 이제는 내가 할 일이 아니라는 생각이 들기 시작한다. 이것이 내리막을 걷게 되는 가장 큰 원인이다. 성공해도 거품이 꺼질 때까지 전에 하던 일을 그대로 해야 한다.

주인을 만들어 주기

회사를 성장시키는 것 못지않게 필요한 것이 잘 떠나는 일이다. 내가 떠나도 회사가 잘 되어야지, 내가 떠난 후 회사에 큰 문제가 생긴다면 현재 회사의 가치는 빚을 지고 있는 것과 같다. 내가 떠나도 회사가 잘 되기 위해서는 연착륙을 항상 염두에 두어야 한다.

연착륙하는 데 있어 가장 중요한 것이 주인을 만들어 주는 것이다. 중소기업을 운영하는 사람들이 종종 불평하는 것이 사람을 키워 놓았더니 회사를 떠난다는 이야기였다. 떠나는 정도가 아니라 경쟁자가 되기도 한다. 그런데 그러한 회사의 사장이 반드시 알아야 할 것은 그렇게 중요한 사람을 주인으로 대접해 주었느냐 하는 것이다. 즉 회사의 지분이나 회사의 일부를 주었느냐 하는 것이다. 주인의식을 가지고 일하는 사람을 주인으로 대우해 주지 않으면 그가 직접 나서서 주인이 되는 것은 당연한 일이다.

모든 사람이 주인의식을 가지고 주인처럼 일하지는 않는다. 그러므로 모든 사람을 주인으로 만들 필요가 없을 뿐 아니라 그렇게 되지도 않는다.

잘 실패하는 사람

성공하는 사람과 실패하는 사람의 차이는 '실패'에서 판가름이 난다. 성공하는 사람은 잘 실패하는 사람이고, 실패하는 사람은 잘못 실패하는 사람이다. 잘 실패하기 위해서는 실패한 후 현실을 직시해야 한다. 그리고 실패를 인정해야 한다. 실패를 인정하지 못하는 이상 그 실패는 우리를 과거에 묶어 놓을 것이다. 그리고 우리를 오도가도 못하게 만들 것이다. 잘 실패하기 위해서는 배움이 있어야 한다. 배움이 있기 위해서는 객관적인 입장에서 내가 잘못한 것이 무엇인지 알아야 한다. 그러기 위해서 내가 습득한 가장 좋은 방법은 실패를 글로 써 보는 것이다. 실수를 하게 된 이유와 실수를 통해서 무엇을 배웠는지 분명하게 써 보라. 그리고 가능하다면 그 글을 다른 사람들에게 알리는 것이 좋다. 만약 당신이 자신의 실수를 다른 사람들에게 공개적으로 알릴 수 있다면 당신은 매우 강한 사람이다. 약한 사람은 그럴 만한 용기도 없기 때문이다.

실수에서 배움이 있으면 그 실수가 우리를 더 이상 붙잡아 두지는 못한다. 과거가 더 이상 그 사람을 붙잡을 수 없기 때문이다. 그리고 이것은 우리가 현재에 집중할 수 있도록 만들어 준다. 만약 현재에 집중할 수 있다면 우리는 성공에 더 가까이 나아갈 수 있다. 성공하는 사람이 항상 성공하고 실패하는 사람이 항상 실패하는 것은 아니다. 성공하는 사람은 잘 실패하는 사람이다.

에필로그

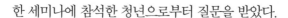

한 세미나에 참석한 청년으로부터 질문을 받았다.

"이미지솔루션스를 창업할 때부터 지금까지 기독교인으로서 실천한 여러 가지 일들을 처음부터 계획했나요?"

내 대답은 한마디로 '전혀 계획하지 않았다'이다. 회사 이익의 10퍼센트를 필요한 이웃을 위하여 사용했지만, 창업 초기부터 계획하지는 않았다. 직원들을 가족처럼 대우하기 위하여 전 직원을 상대로 매년 인터뷰를 했지만 창업 초기부터 계획한 일은 아니었다. 나는 회사를 시작할 때부터 정직하게 세금을 내야 한다고 각오를 하지도 않았다.

그러나 한 가지 꾸준히 하려고 한 것이 있다. 바르다고 생각한 것은 한번 마음을 정하면 끝까지 하려고 발버둥 치면서 살아왔다. 처음부터 큰 생각을 하지 않아도 된다. 하나님이 말씀을 통하여 깨우쳐 주실 수도 있고, 다른 것을 통해 바른 일이라고 생각하는 것이 생길 수도 있다. 그런 깨달음이 생기면 그것을 실천하겠다는 각오만 있으면 된다.

제자와 무리의 차이는 무엇인가? 예수님은 자주 비유로 말씀하셨다. 그런데 가끔 그 비유를 설명해 주지 않으시고 "귀 있는 자는 들을지어다"라고 말씀하셨다. 이 세상에 귀 없는 자가 어디 있단 말인가? 말씀을 하셨으면 자세히 설명해 주셔야 하는 것 아닌가? 그런데 무리에게는 설명해 주지 않으셨지만 제자들에게는 설명해 주셨다. 무리는 말씀을 듣기만 하는 자들이었고, 제자들은 말씀을 실천하려고 하는 사람들이었다. 우리가 그리스도의 제자가 되기를 원한다면 말씀을 들으면 지키겠다는 몸부림이 있어야 한다.

나도 한때는 믿기는 하는데 행동을 하지 못해 고민했었다. 그런 고민의 시간이 말씀만 배울 것이 아니라 배운 말씀을 행동으로 옮겨야 한다는 결론에 이르게 만들었다. 그런데 나중에 이것 또한 옳은 것이 아니라는 것을 알게 되었다.

실천하지 않는 것은 정말로 믿지 않기 때문이다.

정말로 믿으면 실천하지 않을 수 없다.

감사의 글

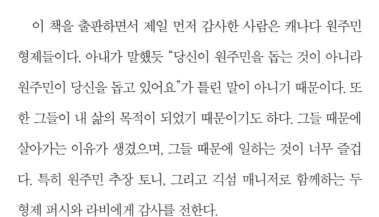

이 책을 출판하면서 제일 먼저 감사한 사람은 캐나다 원주민 형제들이다. 아내가 말했듯 "당신이 원주민을 돕는 것이 아니라 원주민이 당신을 돕고 있어요"가 틀린 말이 아니기 때문이다. 또한 그들이 내 삶의 목적이 되었기 때문이기도 하다. 그들 때문에 살아가는 이유가 생겼으며, 그들 때문에 일하는 것이 너무 즐겁다. 특히 원주민 추장 토니, 그리고 긱섬 매니저로 함께하는 두 형제 퍼시와 라비에게 감사를 전한다.

아울러 가족에게 감사를 전한다. 일 년에 거의 10개월을 떠나 있어도 나름대로 할 일이 많아 항상 바쁜 아내 김은실에게 감사를 전하고 손녀들을 거의 돌봐주지 못함에도 불평하지 않는 아들 현구와 며느리 크리스틴에게 감사를 전한다. 또한 아들과 열세 살 터울의 늦둥이 딸 은혜에게 고맙다. 딸의 고등학교 시절 같이 갔던 단기선교를 통해 아버지를 빼앗겼는데도 그 후로 고

256

사리 철이면 자원봉사까지 마다하지 않는 고마운 딸이다.

그리고 나를 속이신 하나님께 감사를 드린다. 그 속임이 없었다면 나는 아마 이 흥미로운 일을 시작하지도 않았을 것이다. 하나님은 아주 오래 전부터 빈틈없이 준비해 오셨던 분이시다. 무엇보다 나의 실수까지 사용하셔서 그분의 뜻을 이루시고 실패를 두려워하지 않게 하신 하나님을 어찌 감사하지 않겠는가? 모든 것이 하나님의 은혜이다.

마지막으로 나의 책을 읽어 줄 독자들에게 감사를 드린다. 이 책이 시간 낭비가 되지 않기를 간절히 바란다.

아빠에게

고등학교 2학년 때 아빠와 함께 캐나다 원주민 마을로 단기선교를 다녀왔습니다. 단기선교를 다녀와 아빠는 우리 가족에게 날벼락 같은 말을 했습니다. 원주민들을 돕기 위해 집을 떠나 원주민 마을로 들어가시겠다는 것이었습니다. 솔직히 아빠에게 배신당한 기분이었습니다. 자신의 딸보다 낯선 사람들을 돕는 것이 더 중요하다고 생각하는 것 같았기 때문이었습니다. 아빠가 선택한 일을 지지했지만 고등학교 2학년이었던 저는 아빠가 곁에 있어주길 바랐습니다. 그러나 아빠의 열정을 보면서 원주민을 돕는 일을 중단하지 않을 것이라는 것을 알고 있었습니다. 그래서 제가 대학을 갈 때까지만 기다려 달라고 부탁했습니다.

그 후 아빠는 엄청난 시간과 열정을 각섬에 퍼부었습니다. 저는 아빠가 새롭게 시작한 캐나다 원주민 회사 각섬을 방문해 아빠가 얼마나 열정을 갖고 일하시는지, 그리고 원주민들을 상대하며 인내심을 갖고 대하시는지 직접 두 눈으로 목격했습니다. 아빠의 삶은 결코 쉽지 않아 보였습니다. 하지만 그 곳에서 원주민들에게 선한 영향력을 끼치고 있는 것은 분명했습니다. 아빠가 그토록 열심히 일하는 이유는 원주민들이 자존감을 갖고 스스로 자립하여 일할 수 있도록 돕기 위함이었습니다. 사람이 무언가 이루기 위해서는 반드시 희생이 따른다는 것을 아빠는 제게 삶으로 보여 주셨습니다.

-딸 은혜

일에 중독되시다시피 한 아버지가 회사를 팔고 캐나다 원주민 마을에 원주민을 위한 회사를 시작한다고 했습니다. 처음에는 그런가 보다 하고 무심히 넘겼습니다. 그런데 시간이 지나면서 아버지의 눈에서는 이전에 한 번도 보지 못한 특별한 열정을 볼 수 있었습니다. 미국에 빈 손으로 와서 창업에 성공한 이력이 있지만, 비즈니스 환경이 열악한 원주민 마을에서 한 번도 경험한 적 없는 농업으로 새로운 창업을 한다는 것은 불가능하다고 생각했었습니다. 그런데 아버지는 대단한 열정과 지치지 않는 끈기로 그 장벽을 하나씩 넘어가기 시작했습니다. 옆에서 지켜 보던 나는 이 모든 것이 원주민을 섬기려는 집념 때문에 가능한 일이라는 것을 알 수 있었습니다. 저는 아들로서 그 과정을 본 증인입니다. 아버지는 지난 8년간 원주민 마을에서 원주민 회사 각섬을 운영하며 원주민에게 존경 받는 친구가 되었습니다. 아버지는 이런 삶을 통하여 아들인 제게 다른 사람을 섬기기 위해 자기가 가지고 있는 것을 모두 내어 주는 나눔의 진정한 가치가 무엇인지를 가르쳐 주셨습니다. 또한 마태복음 19장 26절에서 예수님께서 제자들에게 말씀하신 "사람으로는 할 수 없으나 하나님으로서는 다 하실 수 있느니라"라는 말씀이 진리라는 것을 가르쳐 주셨습니다.

-아들 현구

"나만 데리고 가지 마세요."

남편이 제게 캐나다 원주민을 위한 비즈니스 선교를 하겠다고 상의할 때 한 말이었습니다. 별로 관심 없다는 말이었 고, 그곳에 가서 살 수 없다는 말이기도 했습니다. 그러나 이제는 그 아름다운 산자락과 순박한 원주민들에게 점점 마음이 끌려가고 있습니다. 아니 그 곳에 가고 싶은 마음이 더해지고 있습니다.

이제는 저도 남편을 따라 고사리 아줌마로 이름이 바뀌어가고 있습니다. 누구를 만나도 긱섬 제품을 소개하고 사용할 것을 전하고 있습니다. 이제 긱섬 세일즈우먼이 다 된 것 같습니다.

남편은 캐나다 원주민 마을에서 보내는 시간이 많고, 저는 뉴욕에 있는 시간이 많다 보니 같이 있는 시간이 많지 않아도 좋은 상품을 만들어 좋은 일에 힘쓰고자 하는 마음이 같아서 힘들지 않게 살고 있습니다. 아니 기쁘게 일할 수 있어서 오히려 원주민 형제들에게 감사하고 있습니다. 끝까지 주어진 사명을 잘 감당하길 기도할 뿐입니다.

-아내 은실

선교적 삶과 비즈니스 선교
선한 영향력

초판 1쇄 인쇄 2018년 5월 30일
초판 3쇄 발행 2022년 9월 1일

지은이 김진수
펴낸이 이재원

펴낸곳 선율
출판등록 2015년 2월 9일 제 2015-000003호
주소 경기도 구리시 동구릉로 148번길 15
전자우편 1005melody@naver.com
전화 070-4799-3024   팩스 0303-3442-3024
인쇄 · 제본 현문인쇄

ISBN 979-11-88887-01-9 03230

값 15,000원